한 번 봐도 두 번 외운 효과! 두뇌 자극 한자 책

바쁜
빠른

초등학생을 위한

급수 한자

6급 2권

김정미, 강민 지음

따뜻한 물을 욕조에 부어 '따뜻할 온'

溫

이지스에듀

저자 소개

김정미 선생님은 서울 교대에서 초등교육을 전공하고, 올해로 20년째 교단을 지키고 있는 선생님이다. 남편 강민 선생님과 함께 《우리집은 한자 창의력 놀이터》, 《한자 무작정 따라하기》 등을 집필하였다.

어원을 그림으로 그려 설명하고 획순에 이야기를 담아 어린 아이들도 한자를 쉽게 익히고 급수를 딸 수 있도록 《바쁜 초등학생을 위한 빠른 급수 한자-8급》 등 바빠 급수 한자 시리즈를 공동 집필하였다.

강민 선생님은 서울대 인문대를 졸업한 후, 컴퓨터 프로그래머로 일하며 한자를 좋아하여 관심을 두다가, 18년 전 첫 아이 태교를 하면서 본격적으로 한자의 모양과 소리와 뜻을 파헤치기 시작했다. 부인 김정미 선생님과 함께 《우리집은 한자 창의력 놀이터》, 《한자 무작정 따라하기》 등을 출간했다. 한자가 쉽게 외워지는 세 박자 풀이말을 고안해 어려운 한자도 노래하듯 풀이말을 읽으면 척척 써낼 수 있도록 하였다.

지금은 LEGO 에듀케이션 공식인증러닝센터 CiC에듀(분당 서현 www.cicedu.co.kr)를 운영하고 있다.

'바빠 급수 한자' 시리즈

바쁜 초등학생을 위한 빠른 급수 한자 – 6급 2권

초판 8쇄 발행 2024년 11월 28일
지은이 김정미, 강민
발행인 이지연
펴낸곳 이지스퍼블리싱(주)
출판사 등록번호 제313-2010-123호
주소 서울시 마포구 잔다리로 109 이지스 빌딩 5층
대표전화 02-325-1722   이메일 service@easyspub.co.kr   팩스 02-326-1723

기획 및 책임 편집 정지연, 조은미, 이지혜, 박지연, 김현주 교정 교열 김혜영 일러스트 김학수
표지 및 내지 디자인 트인글터 전산편집 트인글터 인쇄 보광문화사
영업 및 문의 이주동, 김요한(support@easyspub.co.kr) 마케팅 라혜주 독자 지원 박애림, 김수경

ISBN 979-11-88612-10-9 64710
ISBN 979-11-87370-27-7(세트)
가격 9,000원

* **이지스에듀**는 이지스퍼블리싱(주)의 교육 브랜드입니다.

  이곳에 방문하시면 교육 정보도 얻고 다양한 이벤트에 참여하실 수 있습니다.

이지스퍼블리싱 홈페이지 www.easyspub.com   이지스에듀 카페 www.easysedu.co.kr
바빠 아지트 블로그 blog.naver.com/easyspub   페이스북 www.facebook.com/easyspub2014

한 번 봐도 두 번 외운 효과! 30일이면 6급 시험 준비 끝!

한자는 모든 공부의 바탕입니다.

교과서에 나오는 학습 용어의 90% 이상이 한자어입니다. 학년이 올라갈수록 한자를 모르면 교과서를 이해하기가 점점 어려워집니다. 예를 들어, 수학 교과서에는 '직선'과 '반직선'이 나옵니다. '직선(直線)'은 곧게 뻗은 선이고, '반직선(半直線)'은 '반(半)'이 '절반 반'이므로 양방향으로 길게 뻗은 직선의 반, 즉 한 방향으로만 곧게 뻗은 선을 말합니다. 이처럼 한자를 익히면 어려운 수학 용어도 쉽게 기억할 수 있습니다. 주요 과목을 공부하기 전에 필수 한자를 먼저 공부해 보세요! 학습 용어 이해력이 높아져, 이후 모든 과목의 공부에 큰 도움이 됩니다.

급수 시험은 한자 공부에 집중할 수 있는 좋은 계기입니다.

학습의 바탕이 되는 이 한자를 어떻게 공부하면 좋을까요? 어디부터 시작해야 할지 막연하다면 한자 급수 시험을 계기로 공부해 보세요.
〈바빠 급수 한자 - 6급〉은 6급 시험에 새로 나오는 한자 150자를 다뤘습니다. 6급 시험에는 8·7급 한자도 나옵니다. 그래서 이 책의 문제는 8·7급 한자가 녹아 있는 문장으로 구성했습니다. 8급과 7급 한자를 전혀 모른다면 바빠 급수 한자 시리즈 8급, 7급 1·2권을 먼저 공부한 후 6급 시험을 준비하는 게 좋습니다.
6급 한자까지 배우면 초등 교과 공부의 바탕이 되는 기초 한자 300자를 배운 셈이 됩니다. 8·7급 150자, 6급에 새로 나오는 한자 150자를 모두 익히면 초등 교과서 용어를 대부분 이해할 수 있습니다.

한자 학습의 지루함과 암기의 어려움을 해결하는 6가지 방법

그런데 문제가 있습니다. 한자도 공부인지라 지겹다는 것과 또 하나는 힘들게 공부해도 다음 날이면 잊어버린다는 겁니다. 이를 해결하기 위해 연구에 연구를 거듭한 결과물이 바로 이 책입니다.

1. 한자의 획을 그림으로 구현

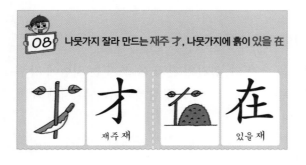

이 책은 **'한자의 획'**을 **'그림의 선'**으로 그려, 그림을 몇 번 보면 한자를 쉽게 익힐 수 있습니다. 이와 같은 방법으로 익히면 한자를 읽을 때 자연스럽게 그림과 함께 한자의 뜻을 떠올릴 수 있습니다.

2. 암기 효과를 2배로 높여 주는 '세 박자 풀이말'!

한 획 한 획을 쓸 때 운율이 있는 풀이말을 붙여 놓아 **이야기를 기억**하면 한자가 자연스럽게 써집니다. '나뭇가지를 비껴 잘라 물건 만드는 재주 재(才)'처럼 한자마다 풀이말을 붙여 외우면 기억에 오래 남습니다.

3. 물방울에 지워진 한자를 살려내듯 기억에 오래 남는 한자 쓰기

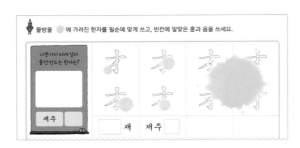

베껴 쓰듯 공부하면 머리에는 남지 않고 손만 아픈 공부 노동이 됩니다. 인지 학습 분야 전문가의 말에 따르면 학습에 적정한 어려움이 있을 때 기억에 오래 남는다고 합니다. 이 책은 **물방울 모양이 적정한 어려움으로 작용해, 학습자의 뇌리**에 학습한 한자가 오래 남습니다.

4. 교과서 문장으로 다시 한 번 확인하여 어휘력 향상까지!

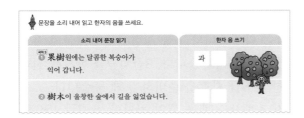

외운 한자를 **교과서 문장을 통해 확인**해 보세요. 교과서에서 본 용어와 일상적으로 쓰는 어휘에서 한자를 발견하고, 한자를 통해 어려운 개념을 더 쉽게 이해할 수 있습니다.

5. 망각하기 전에 다시 기억하도록 복습 단계 구성!

앞에서 배운 한자가 다음 과에 나와 복습이 저절로 되도록 구성하였습니다. 이런 과정이 반복되어야 **뇌에서는 단기 기억을 장기 기억으로 바꿉니다.** 특히, 총정리 01~05는 다섯 과를 학습할 때마다 복습하도록 짜여 있어서 다섯 과에서 공부한 한자는 반드시 기억할 수 있도록 했습니다.

6. 빈출! 한자어의 음 쓰기, 한자의 훈과 음 쓰기 및 모의시험 2회 수록

'한자어의 음 쓰기'와 '한자의 훈과 음 쓰기'는 시험에 자주 **나온 한자 순서대로 학습하도록 설계**되어 공부 시간 대비 효율을 높여 줍니다.
또한 실제 기출 수준의 문제 2회가 수록되어 있어 자신의 실력을 확인하고 보완할 수 있습니다.

한자능력검정시험을 보기 전에 알아 두면 좋아요!

1. 시험 일정은?

보통 2월, 5월, 8월, 11월 넷째 주 토요일에 실시합니다. 교육급수 시험(4급~8급)의 시험 시간은 오전 11시, 공인급수 시험(특급~3급Ⅱ)은 오후 3시로 서로 다릅니다. 또한 매년 시험 날짜가 바뀔 수 있으므로 반드시 한국어문회 홈페이지(www.hanja.re.kr)에서 확인해야 합니다.

2. 6급과 6급Ⅱ는 다른가요?

한자능력검정시험은 교육급수(4급~8급)와 공인급수(특급~3급Ⅱ)로 나뉩니다.

교육급수에 해당하는 6급과 6급Ⅱ는 각각 별도의 급수입니다. 급수Ⅱ는 상위 급수와 하위 급수 배정한자 수의 차이를 줄이기 위한 급수입니다. 6급Ⅱ와 6급 배정 한자에는 8, 7급 배정 한자 150자가 포함되어 있습니다. 모든 급수 한자는 아래 급수에서 배운 한자를 포함합니다.

급수	읽기	쓰기
8급	50	0
7급Ⅱ	100	0
7급	150	0
6급Ⅱ	225	50
6급	300	150
5급Ⅱ	400	225
5급	500	300
4급Ⅱ	750	400
4급	1,000	500

3. 어떤 유형의 문제가 나오나요?

6급은 한자의 소리(음)를 묻는 독음 문제와 한자의 뜻과 소리를 동시에 묻는 훈음 문제가 60%입니다. (90문항 중 55문항)

8, 7급과는 달리 6급에서는 한자어 쓰기가 20문제나 출제됩니다. 한자어 쓰기 문제는 8, 7급 배정한자 150자에서 출제되므로 본문 학습 외에 별도 학습이 반드시 필요합니다.

이 외에 반의어, 한자어 완성, 동의어, 동음이의어, 뜻풀이, 필순 문제가 총 15문제 출제됩니다.

6급Ⅱ는 6급과 비슷하나 훈음 문제의 비중이 6급에 비해 많고 한자어 쓰기 문제의 부담이 다소 적습니다.

유형	8급	7급Ⅱ	7급	6급Ⅱ	6급
독음	24	22	32	32	33
훈음	24	30	30	29	22
반의어	0	2	2	2	3
완성형	0	2	2	2	3
유의어	0	0	0	0	2
동음이의어	0	0	0	0	2
뜻풀이	0	2	2	2	2
한자 쓰기	0	0	0	10	20
필순	2	2	2	3	3

4. 시험 시간 및 문항 수는 어떻게 되나요?

시험 시간은 50분이고, 합격 기준은 70점 이상입니다. 즉, 6급은 총 90문항 중 63문항, 6급Ⅱ는 총 80문항 중 56문항 이상 맞히면 합격입니다.

급수	출제 문항	합격 문항
8급	50	35
7급Ⅱ	60	42
7급	70	49
6급Ⅱ	80	56
6급	90	63
5급Ⅱ·5급·4급Ⅱ·4급	100	70

 **목차** 바쁜 초등학생을 위한 빠른 급수 한자 - 6급 2권

나만의 6급 한자 2권 공부 일정표

목표 진도 _____ 일

• 공부를 끝낸 후, 배운 한자를 쓰면서 정리해 보세요.

날짜	배운 한자 쓰기	날짜	배운 한자 쓰기
/	本	/	
/		/	
/		/	
/		/	
/		/	
/		/	
/		/	
/		/	
/		/	
/		/	

'바빠 급수 한자 6급' 1, 2, 3권을 한 권에 10일씩, 30일만 공부하면 6급 자격증을 딸 수 있어요.

2권 공부 계획을 세워 보세요.

시험이 코 앞! 집중하면 10일 안에 끝낼 수 있어요. **3과씩** 공부하세요.	**10일** 완성
6급 시험을 차근차근 준비하고 싶나요? **하루 2과씩** 15일 안에 공부하세요!	**15일** 완성
하루에 1과씩 한자를 공부하세요. 공부 습관을 만들며 시험을 준비해 보세요!	**30일** 완성

준비 운동 — 한자를 쓰는 순서, 필순을 알면 쉽다!

필순을 왜 공부해야 할까?

처음 한자를 공부하면 한자를 쓰는 일이 어렵게 느껴집니다. 한글과는 달리 일정한 규칙이 없는 것처럼 느껴지니까요. 하지만 한자도 쓰는 규칙이 있습니다. 필순은 붓(筆)으로 획을 쓰는 순서(順)를 말합니다. 오랜 세월 한자를 쓰는 동안 자연스럽게 필순이 정해졌습니다. 한글보다 획이 많은 한자는 필순에 맞게 써야 쓰기도 편하고 글자 모양도 아름답습니다.

필순의 7가지 규칙

이 책에서는 기본 규칙을 7가지로 정리했습니다. 필순을 외우려고 애쓰기보다는 앞으로 배울 한자를 자연스럽게 쓰기 위해 가볍게 살펴보는 정도로 학습하면 됩니다. 바빠 6급 한자 속 풀이말을 따라 공부하면 자연스럽게 필순을 익힐 수 있습니다.

1. 가로획과 세로획이 만날 때는 가로획을 먼저 씁니다.

예 古(예 고), 苦(쓸 고), 共(한가지 공)

2. 口(입 구)와 비슷한 한자는 몸(冂)을 먼저 쓰고 안은 나중에 씁니다.

예 圖(그림 도)

3. ㅣ(갈고리)가 글자의 한가운데 오면 갈고리 모양을 맨 먼저 씁니다.

예 小(작을 소)

4. 양쪽 점을 먼저 씁니다.

5. ㇏(오른점삐침)은 오른쪽 위에서 왼쪽 아래로 내려 긋습니다.

死 죽을 사 ｜ 一 ㄏ 歹 歹 死

6. ノ(삐침)을 먼저 쓰고 ㇏(파임)을 나중에 씁니다.

 ㉖ 敎(가르칠 교), 校(학교 교)

7. 글자 가운데를 뚫고 지나가는 획은 마지막에 씁니다.

中 가운데 중 ｜ 丨 口 口 中

 ㉖ 軍(군사 군), 半(반 반)

이 외에도 '위에서 아래로 쓴다', '왼쪽에서 오른쪽으로 쓴다'는 규칙이 있으나 자연스럽게 익힐 수 있으므로 다루지 않았습니다. 또한, 필순에 예외가 많으므로 한자를 쓰는 기본 규칙을 알아 두는 정도로 학습하는 것이 좋습니다. 본격적인 한자 학습 시에는 풀이말로 한자를 외우는 방법이 효과적입니다.

 필순 퀴즈

다음 한자는 어떤 순서로 쓸까요?

古
 ① 一 十 十 古 古
 ② 丨 十 十 古 古

① 吕区

9

 **01** 나무의 뿌리 쪽 근본 本, 나무의 두꺼운 껍질 성씨 朴

근본 본

성씨 박

근본 본은 나무의(木) 뿌리 쪽에 '一'를 표시해 사물의 본바탕인 근본을 나타내요.

성씨 박은 나무의(木) 두꺼운 껍질처럼(卜) 자연 그대로의 순박함을 나타내요.

 풀이말을 큰 소리로 읽으며 획을 따라 쓰세요.

따라 써 봐!

本	本	本	本
나무의	뿌리 쪽	근본 본	근본 ☐

朴	朴	朴	朴
나무의	두꺼운 껍질처럼 순박한	성씨 박	성씨 ☐

 朴(성씨 박)은 나무껍질이 두꺼운 후박나무를 그렸어요. 《열하일기》를 쓴 조선 시대의 학자 연암 박지원의 성씨가 朴(성씨 박)이에요.

유의어 本(근본 본) ― 根(뿌리 근)

10

물방울 ○ 에 가려진 한자를 필순에 맞게 쓰고, 빈칸에 알맞은 훈과 음을 쓰세요.

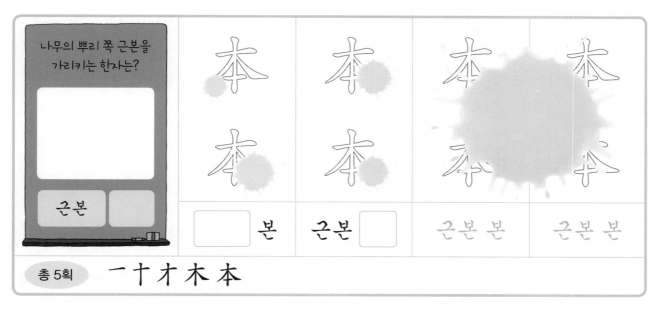

본	근본	근본 본

총 5획 一 十 才 木 本

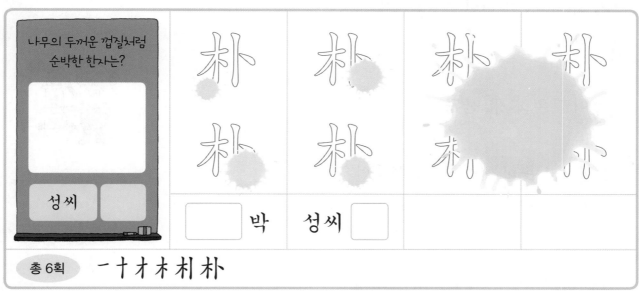

박	성씨	

총 6획 一 十 才 才 杧 朴

 한자의 음을 쓰세요.

❶ 주로 일하는 직업 **本業**   업

❷ 우리나라 성씨 **朴氏**   씨

❸ 중심이 되는 부서 **本部**   부

❹ 박씨 부장님 **朴部長**

❺ 사물의 처음 바탕 **本來**

❻ 박씨 사장님 **朴社長**   사

예습! 한자 業(업 업) 氏(성씨 씨, 4급) 部(떼 부) 社(모일 사)   **복습! 한자** 長(긴/어른 장) 來(올 래)

11

문장을 소리 내어 읽고 한자의 음을 쓰세요.

소리 내어 문장 읽기	한자 음 쓰기
❶ 아버지의 **本業**은 글을 쓰는 것입니다.	☐ 업
❷ **朴氏**는 꿈꾸듯 혼자 중얼거렸습니다.	☐ 씨
❸ 세계태권도연맹 **本部**는 서울에 있습니다.	☐ 부
❹ **朴部長**은 이번 프로젝트에 참여하기로 했습니다.	☐ ☐ ☐
❺ 이 탑은 **本來** 산 중턱에 있었어요.	☐ ☐
❻ **朴社長**이 내년도 사업 계획안을 발표했습니다.	☐ 사 ☐

도전! 6급 시험 다음 밑줄 친 단어의 한자를 <보기>에서 고르세요.

<보기> ① 本業   ② 本部   ③ 本來   ④ 朴部長   ⑤ 朴社長

1. 그는 육군 <u>본부</u>에 근무하고 있습니다. _____

2. 그는 <u>본래</u> 말이 없는 사람입니다. _____

3. 고모는 <u>본업</u>보다 부업으로 버는 수입이 더 많습니다. _____

4. <u>박 부장</u>이 이번 인사이동을 맡게 되었습니다. _____

④ .4 ① .3 ③ .2 ② .1

02 열매가 주렁주렁 실과 果, 나무가 큰북처럼 선 나무 樹

실과 과

실과 과는 열매가 주렁주렁(日)
나무에 달린(木) 모양이에요.

나무 수

나무 수는 나무가(木) 큰북을(壹)
손으로 세운 듯(寸)
꼿꼿이 잘 자라는 모습이에요.

 풀이말을 큰 소리로 읽으며 획을 따라 쓰세요.

따라 써 봐!

果	果	果	果
열매가 주렁주렁	나무에 달린	실과 과	실과 □

木 朾 村 村 枯 桔 栱 樹 樹

樹	樹	樹	樹	樹
나무가	큰북을	손으로 세운 듯 서 있으니	나무 수	나무 □

 果(실과 과)는 田 + 木의 9획이 아니라 日 + 木의 8획이에요.
樹(나무 수)에서 壹(큰북 주)는 꾸미개가 달린 큰북이에요. 寸(마디 촌)은 손목 마디를 그려 손으로 무엇을 쥐는 것을 나타내요.
유의어 樹(나무 수) ㅡ 木(나무 목), 樹(나무 수) ㅡ 林(수풀 림)

물방울 🔵 에 가려진 한자를 필순에 맞게 쓰고, 빈칸에 알맞은 훈과 음을 쓰세요.

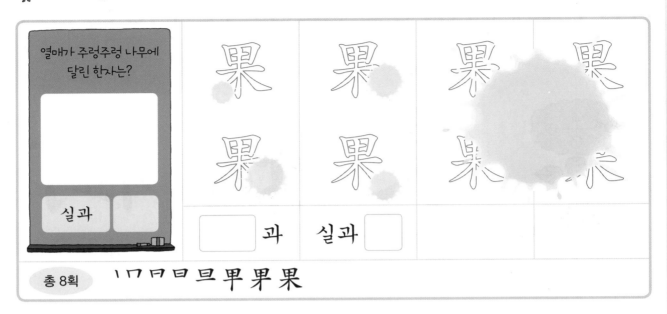

열매가 주렁주렁 나무에 달린 한자는?

실과

| | 과 | 실과 | |

총 8획   ㅣ ㄇ ㅁ 日 旦 甲 果 果

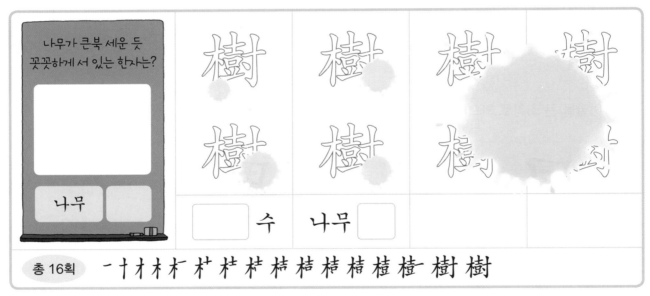

나무가 큰북 세운 듯 꼿꼿하게 서 있는 한자는?

나무

| | 수 | 나무 | |

총 16획   一 十 才 术 木 杧 杧 朾 桂 桂 桂 椪 椪 椪 樹 樹

 한자의 음을 쓰세요.

❶ 과실나무 果樹   과

❷ 살아있는 나무 樹木

❸ 결과가 그러한 果然

❹ 나무숲 樹林

❺ 온갖 과일 百果

❻ 나무를 심는 植樹

복습! 한자   木(나무 목) 然(그러할 연) 林(수풀 림) 百(일백 백) 植(심을 식)

문장을 소리 내어 읽고 한자의 음을 쓰세요.

소리 내어 문장 읽기	한자 음 쓰기
⑨국어3 ❶ **果樹**원에는 달콤한 복숭아가 익어 갑니다.	과 ☐
❷ **樹木**이 울창한 숲에서 길을 잃었습니다.	☐ ☐
❸ 이번 시합에서 **果然** 우리가 우승할 수 있을까요?	☐ ☐
❹ 열대 **樹林**이 우거진 지역은 덥고 습해요.	☐ ☐
❺ 산에는 수풀이 무성하고 들에는 오곡**百果**가 풍성합니다.	☐ ☐
❻ 대통령은 '푸른 숲 가꾸기' 운동에 참여해 직접 **植樹**했습니다.	☐ ☐

도전! 6급 시험 다음 밑줄 친 단어의 한자를 <보기>에서 고르세요.

<보기>   ① 樹林   ② 果然   ③ 樹木   ④ 植樹   ⑤ 果樹

1. 날이 갈수록 수목이 짙은 녹색으로 변해 갔습니다. _____

2. 우리는 식수를 하고 물을 주었습니다. _____

3. 광개토 대왕은 과연 위대한 인물입니다. _____

4. 우리 할아버지는 과수원을 하십니다. _____

03 열매에서 즙 나오는 말미암을 由, 열매에서 나오는 기름 油

말미암을 유

기름 유

말미암을 유는 열매 속에서(冄)
즙이 나오는(丄) 모양을 그렸어요.
열매즙은 열매로 말미암아 생겨요.

기름 유는 물이 흘러나오듯(氵)
열매 속에서(冄) 나오는(丄) 기름을 나타내요.

 풀이말을 큰 소리로 읽으며 획을 따라 쓰세요.

따라 써 봐!

由	由	由	由
열매 속에서	즙이 나오는	말미암을 유	말미암을 ☐

油	油	油	油	油
물이 흘러나오듯	열매 속에서	나오는	기름 유	기름 ☐

 由(말미암을 유)의 뜻인 '말미암다'는 어떤 일이 다른 일의 원인이나 이유가 되는 것을 말해요.

16

물방울 ⚬ 에 가려진 한자를 필순에 맞게 쓰고, 빈칸에 알맞은 훈과 음을 쓰세요.

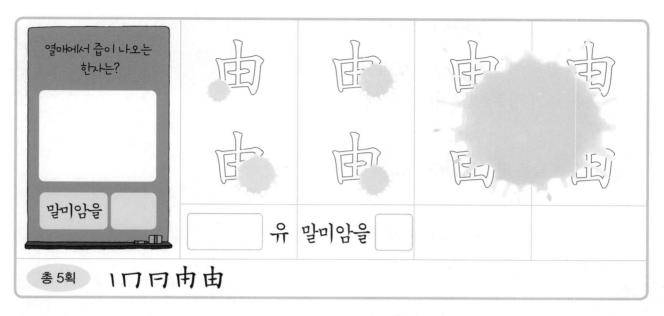

열매에서 즙이 나오는
한자는?

말미암을

□ 유   말미암을 □

총 5획   ㅣ ㄇ ㅂ 由 由

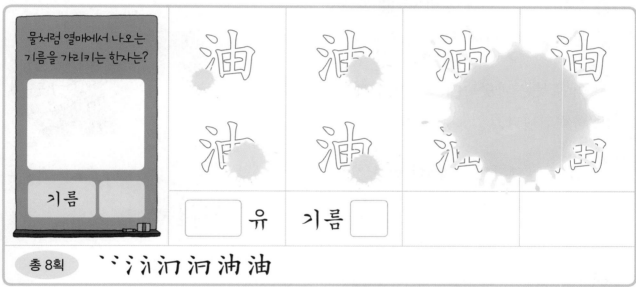

물처럼 열매에서 나오는
기름을 가리키는 한자는?

기름

□ 유   기름 □

총 8획   ⺀ ⺀ ⺀ 氵 氵 汩 油 油

 한자의 음을 쓰세요.

① 일이 생겨난 바 **由來** [　　]   ② 석유가 나는 곳 **油田** [　　]

③ 그렇게 된 까닭 **理由** [이　]   ④ 기름 물감으로 그린 **油畫** [　　]

⑤ 스스로 마음껏 하는 **自由** [　　]   ⑥ 땅속의 기름 **石油** [석　]

예습! 6급 한자   理(다스릴 리) 石(돌 석)   복습! 한자   來(올 래) 田(밭 전) 畫(그림 화 l 그을 획) 自(스스로 자)

문장을 소리 내어 읽고 한자의 음을 쓰세요.

소리 내어 문장 읽기	한자 음 쓰기
❶ '백의민족'이란 말은 우리 민족이 흰색 옷을 즐겨 입은 데서 **由來**하였습니다.	☐ ☐
❷ 석유가 나는 지역을 **油田**이라고 해요.	☐ ☐
_{국어3} ❸ 까닭은 의견을 뒷받침하는 사실이나 **理由**를 말합니다.	이 ☐
❹ 문득 응접실 벽에 걸린 **油畫** 한 폭이 눈에 띄었습니다.	☐ ☐
_{국어3} ❺ 이 로봇은 바닷속에서 **自由**롭게 움직입니다.	☐ ☐
_{과학3} ❻ **石油**는 옛날의 **生物**이 변한 것이므로 일종의 화석입니다.	석 ☐ , ☐ ☐ · 生(날 생) 物(물건 물)

도전! 6급 시험 다음 밑줄 친 단어의 한자를 <보기>에서 고르세요.

<보기> ① 由來   ② 自由   ③ 油田   ④ 石油   ⑤ 理由

1. 최근 <u>석유</u> 가격이 많이 올랐습니다. _____
2. 이 지명의 <u>유래</u>를 알 수 없습니다. _____
3. 그렇게 행동한 <u>이유</u>를 곰곰이 생각해 보세요. _____
4. 저유가는 <u>유전</u> 개발 투자를 위축시킵니다. _____

1.④ 2.① 3.⑤ 4.③

04 도끼로 만드는 새 新, 나무를 가까이 보는 친할 親

새 신

새 신은 서 있는(立) 나무를(木)
도끼로 찍어 새롭게 물건을
만드는(斤) 모습이에요.

친할 친

친할 친은 서 있는(立) 나무를(木)
가까이 다가가 바라보는(見)
모습을 그렸어요.

 풀이말을 큰 소리로 읽으며 획을 따라 쓰세요.

따라 써 봐!

新(새 신)에서 斤(도끼 근)은 도끼머리와 도낏자루를 그린 글자예요.
반의어 新(새 신) ↔ 古(예 고)

물방울 ⬤ 에 가려진 한자를 필순에 맞게 쓰고, 빈칸에 알맞은 훈과 음을 쓰세요.

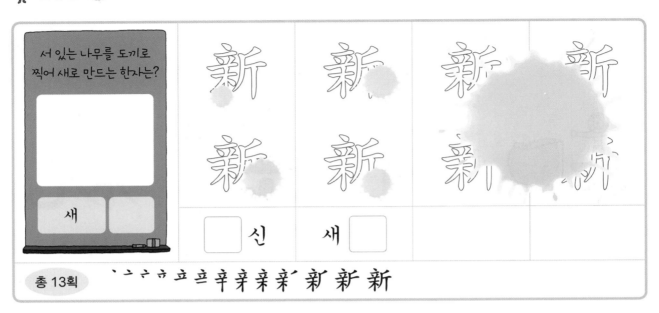

서 있는 나무를 도끼로 찍어 새로 만드는 한자는?

새

☐ 신   새 ☐

총 13획   ` ﾅ ﾅ ㅛ ㅍ ㅍ ᆍ 亲 亲 亲ﾞ 新 新 新

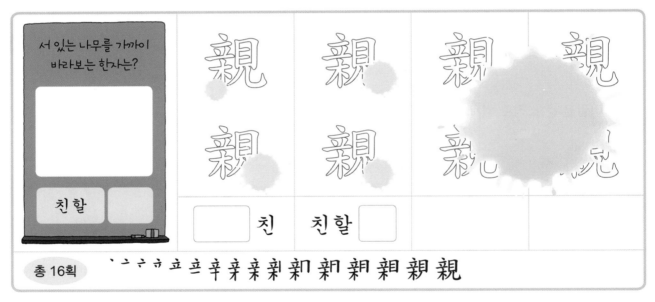

서 있는 나무를 가까이 바라보는 한자는?

친할

☐ 친   친할 ☐

총 16획   ` ﾅ ﾅ ㅛ ㅍ ㅍ ᆍ 亲 亲 亲ﾞ 亲ﾞ 亲ﾞ 親 親 親

 한자의 음을 쓰세요.

❶ 새잎의 푸른빛 **新綠**   록   ❷ 가까운 촌수의 겨레 **親族**   족

❸ 새로운 소식 **新聞**   문   ❹ 직접 쓴 글 **親書**

❺ 새로운 방식 **新式**   식   ❻ 어머님 **母親**

예습! 6급 한자 綠(푸를 록) 族(겨레 족) 聞(들을 문) 式(법 식)   **복습! 한자** 書(글 서) 母(어미 모)

문장을 소리 내어 읽고 한자의 음을 쓰세요.

소리 내어 문장 읽기	한자 음 쓰기
❶ 5월은 **新綠**이 아름다운 계절이에요.	[ ] 록
❷ 이곳은 **親族**끼리 모여 사는 마을입니다.	[ ] 족
_{사회3} ❸ **新聞** 기사를 읽고 미래의 달라질 생활 모습을 이야기해 봅시다.	[ ] 문
❹ 왕은 **長軍**에게 **親書**를 보내 중요한 일을 의논했습니다.	[ ][ ] , [ ][ ] • 長(긴/어른 장) 軍(군사 군)
❺ 개화기에 서양에서 **新式** 무기가 들어왔습니다.	[ ] 식
❻ 그러면 너는 네 **母親**께 어디 간다는 말도 없이 떠나 왔단 말이냐?	[ ][ ]

도전! 6급 시험 다음 밑줄 친 단어의 한자를 <보기>에서 고르세요.

<보기>   ① 新綠   ② 新聞   ③ 親書   ④ 母親   ⑤ 親族

1. 아버지께서는 아침에 가장 먼저 <u>신문</u>을 읽으십니다.   ———

2. 오월에는 <u>신록</u>이 우거집니다.   ———

3. 우리는 <u>친족</u> 같은 혈연의 정을 느낍니다.   ———

4. 이 친구의 <u>모친</u>은 제 어머니와 마찬가지입니다.   ———

④ .4 ⑤ .3 ① .2 ② .1

05 나무 묶고 달리는 빠를 速, 도끼 들고 달리는 가까울 近

빠를 속

가까울 근

빠를 속은 나무를 한데 묶어(束) 싣고
큰길을 빠르게 달리는(辶) 모습이에요.

가까울 근은 도끼를 들고(斤) 큰길을 달려(辶)
가까운 곳에 가는 모습이에요.
도끼는 무거우니 가까운 곳만 가요.

 풀이말을 큰 소리로 읽으며 획을 따라 쓰세요.

따라 써 봐!

一 一 一 一 一 一 束

速	速	速	速
나무를 묶어 싣고	큰길을 달리는	빠를 속	빠를 ☐

一 一 一 斤

近	近	近	近
도끼를 들고	큰길을 달리는	가까울 근	가까울 ☐

 速(빠를 속)에서 束(묶을 속)은 나뭇가지 아래를 묶는 모습을 그렸어요. 辶(큰길 달릴 착)은 한 발 두 발 내딛어 큰길을 달리는
모습을 나타내요.

유의어 速(빠를 속) ― 急(급할 급)

22

물방울 〇 에 가려진 한자를 필순에 맞게 쓰고, 빈칸에 알맞은 훈과 음을 쓰세요.

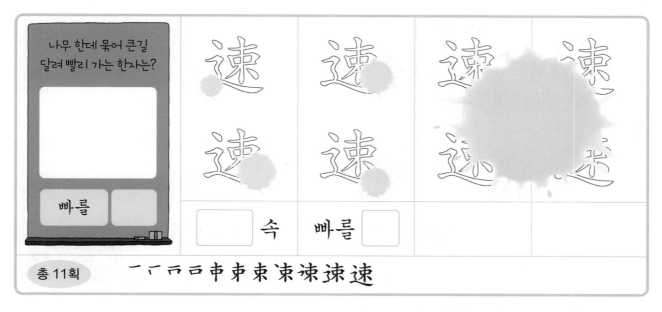

나무 한데 묶어 큰길
달려 빨리 가는 한자는?

빠를

□ 속   빠를 □

총 11획   一 丆 币 币 束 束 束 涑 涑 速 速

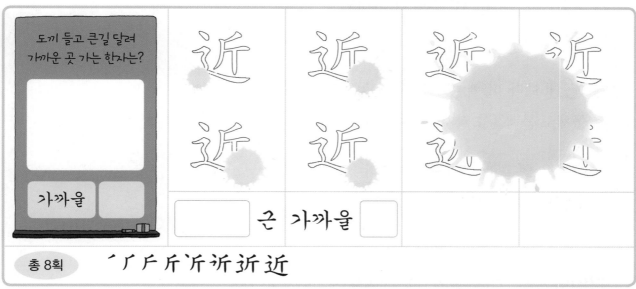

도끼 들고 큰길 달려
가까운 곳 가는 한자는?

가까울

□ 근   가까울 □

총 8획   ´ 厂 斤 斤 斤 沂 沂 近

 한자의 음을 쓰세요.

❶ 빨리 움직이는 힘 速力

❷ 가까운 곳 近方

❸ 시간당 빠르기 時速

❹ 가까운 시대 近代   대

❺ 빛의 속도 光速   광

❻ 아주 가까운 사이 親近

예습! 6급 한자   代(대신할 대) 光(빛 광)   복습! 한자   力(힘 력) 方(모 방) 時(때 시) 親(친할 친)

문장을 소리 내어 읽고 한자의 음을 쓰세요.

소리 내어 문장 읽기	한자 음 쓰기
❶ 우리가 탄 자동차의 **速力**은 과연 얼마나 될까요?	☐ ☐
❷ 나는 이 **近方**에서 오랫동안 살았습니다.	☐ ☐
❸ 여기까지 **時速** 100km로 달려왔습니다.	☐ ☐
❹ 바흐는 서양 **近代** 음악의 아버지로 불립니다.	☐ 대
❺ **光速**보다 더 빠른 속도로 운동하는 물체도 블랙홀을 빠져나갈 수는 없습니다.	광 ☐
❻ 이름을 알고 나서 꽃을 보면 더 정답고 **親近**하게 느껴져요.	☐ ☐

도전! 6급 시험 다음 밑줄 친 단어의 한자를 <보기>에서 고르세요.

<보기>   ① 時速   ② 光速   ③ 近方   ④ 親近   ⑤ 近代

1. 우리 차는 <u>시속</u> 60km로 달리고 있습니다. _____

2. 역사 시간에 <u>근대</u> 사상사를 배웠습니다. _____

3. 아주머니는 이 <u>근방</u>에서 유명한 사람입니다. _____

4. <u>광속</u>보다 더 빠른 비행기는 없습니다. _____

복습해 볼까요?

 빈칸에 알맞은 한자와 훈음을 쓰세요.

근본 본

近

기름 유

樹

말미암을 유

빠를 속

新

성씨 박

실과 과

親

가까울 근

由

나무 수

速

새 신

빈칸에 알맞은 한자를 <보기>에서 찾아 쓰세요.

<보기> 本 朴 果 樹 由 油 新 親 速 近

① ☐ 문 기사를 읽고 미래의 달라질 생활 모습을 이야기해 봅시다.

② 석 ☐ 는 옛날의 생물이 변한 것이므로 일종의 화석입니다.

③ 이 마을 사람들은 ☐ 족끼리 모여 삽니다.

④ ☐ 목이 울창한 숲에서 길을 잃었습니다.

⑤ 세계태권도연맹 ☐ 부는 서울에 있습니다.

⑥ 이번 시합에서 ☐ 연 우리가 우승할 수 있을까요?

⑦ 여기까지 시 ☐ 100km로 달려왔습니다.

⑧ 이 로봇은 바닷속에서 자 ☐ 롭게 움직입니다.

⑨ 바흐는 서양 ☐ 대 음악의 아버지로 불립니다.

⑩ ☐ 씨는 꿈꾸듯 혼자 중얼거렸어요.

[1~10] 다음 한자어의 음(音: 소리)을 쓰세요.

<보기> 漢字 → 한자

1. 樹木이 울창한 숲에서 쉬었어요.
_____

2. 한마을에 親族^족끼리 모여 삽니다.
_____

3. 최근 石油 가격이 많이 올랐어요.
_____

4. 오월은 新綠^록의 계절입니다.
_____

5. 果然 우리가 우승할 수 있을까요?
_____

6. 버스가 時速 60km로 달립니다.
_____

7. 이곳의 지명은 由來를 알 수 없어요.
_____

8. 태풍으로 果樹들이 쓰러졌습니다.
_____

9. 삼촌은 육군 本部^부에 근무합니다.
_____

10. 역사 시간에 近代^대에 관해 배웠어요.

[11~14] 다음 한자의 훈(訓: 뜻)과 음(音: 소리)을 쓰세요.

<보기> 字 → 글자 자

11. 樹 _____

12. 親 _____

13. 速 _____

14. 近 _____

[15~18] 다음 밑줄 친 한자어의 한자를 쓰세요.

<보기> 국어 → 國語

15. 같은 동리에서 함께 자랐습니다.
_____

16. 사방으로 길이 뚫렸습니다.
_____

17. 왕의 수족이 되어 열심히 일했어요.
_____

18. 실내 공기가 탁하니 창문을 여세요.
_____

[19~20] 다음 한자의 상대 또는 반대되는 글자를 골라 □ 안에 그 번호를 쓰세요.

19. 弟：①音 ②兄 ③父 ④急 □

20. 新：①作 ②道 ③古 ④後 □

[21~22] 다음 한자와 뜻이 비슷한 한자를 골라 □ 안에 그 번호를 쓰세요.

21. 速：①急 ②手 ③近 ④軍 □

22. 本：①庭 ②中 ③根 ④下 □

[23~24] 다음 □ 안에 알맞은 한자를 <보기>에서 찾아 그 번호를 쓰세요.

<보기>
①本 ②朴 ③果 ④樹
⑤由 ⑥油 ⑦新 ⑧親

23. 父子有 □ ：아버지와 아들 사이의 도리는 친함에 있음

24. 同姓同 □ ：성(姓)과 맨 처음 조상이 난 곳이 같음

[25~26] 다음 중 소리(音)는 같으나 뜻(訓)이 다른 한자를 골라 □ 안에 그 번호를 쓰세요.

25. 近：①根 ②果 ③身 ④林 □

26. 新：①世 ②樹 ③信 ④先 □

[27~28] 다음 한자어의 뜻을 풀이하세요.

27. 植樹 _____

28. 速記 _____

[29~30] 다음 한자의 짙게 표시한 획은 몇 번째 쓰는 획인지 <보기>에서 찾아 □ 안에 그 번호를 쓰세요.

<보기>
⑥ 여섯 번째   ⑦ 일곱 번째
⑧ 여덟 번째   ⑨ 아홉 번째
⑩ 열 번째   ⑪ 열한 번째

29. 果 □

30. 新 □

🐱 헷갈리는 한자는 다시 써 보세요.

06 아이가 좋아하는 과일 오얏 李, 해가 내리쬐는 볕 陽

李
오얏 리

陽
볕 양

오얏 리는 나무에 달려(木) 아이들이 좋아하는(子) 새콤달콤한 과일 오얏을 그린 글자예요.

볕 양은 언덕에(阝) 해가 떠올라(旦) 볕이 내리쬐는(勿) 모양을 나타내요.

 풀이말을 큰 소리로 읽으며 획을 따라 쓰세요.

따라 써 봐!

 本 李 李

李	李	李	李
나무에 달려	아이들이 좋아하는 과일	오얏 리	오얏

 阝 陽 陽 陽

陽	陽	陽	陽
언덕에	해가 떠올라	내리쬐는	볕 양	볕

 李(오얏 리)에서 '오얏'은 자두를 가리키는 옛말이에요. 李(오얏 리)에는 '성씨 리'라는 훈음도 있어요.
阝(좌부변/우부방)은 글자 왼쪽에 있으면 언덕 부(阜), 오른쪽에 있으면 고을 읍(邑)이라는 뜻이에요.

물방울 에 가려진 한자를 필순에 맞게 쓰고, 빈칸에 알맞은 훈과 음을 쓰세요.

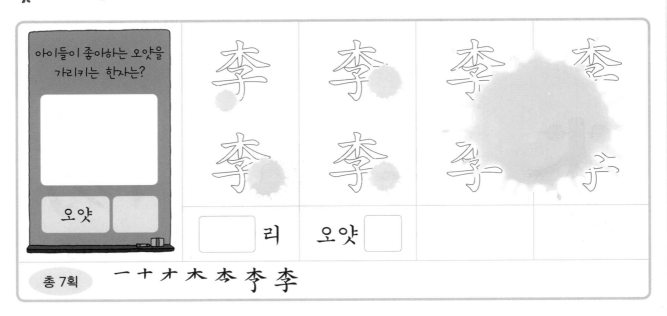

아이들이 좋아하는 오얏을 가리키는 한자는? 오얏			
총 7획 一 十 才 木 杏 杢 李 李	□ 리	오얏 □	

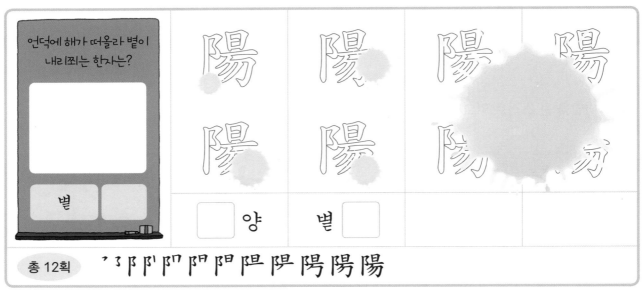

언덕에 해가 떠올라 볕이 내리쬐는 한자는? 볕			
총 12획 ﹀ ﹋ ﹋ ﹋ ﹋ ﹋ ﹋ ﹋ ﹋ 陽 陽 陽	□ 양	볕 □	

 한자의 음을 쓰세요.

❶ 우리나라 성씨 **李氏** ⬚ 씨

❷ 햇볕이 드는 땅 **陽地** ⬚

❸ 이씨 대리님 **李代理** ⬚ 대리

❹ 볕의 기운 **陽氣** ⬚

❺ 이씨 회장님 **李會長** ⬚ 회

❻ 저녁때의 햇볕 **夕陽** ⬚

예습! 6급 한자 氏(성씨 씨) 代(대신할 대) 理(다스릴 리) 會(모일 회) **복습! 한자** 地(땅 지) 氣(기운 기) 長(긴/어른 장) 夕(저녁 석)

문장을 소리 내어 읽고 한자의 음을 쓰세요.

소리 내어 문장 읽기	한자 음 쓰기
❶ **李 氏**는 스스로 증인이 되겠다고 나섰습니다.	☐ 씨
❷ 형과 나는 **陽地**바른 곳에 죽은 강아지를 묻었어요.	☐ ☐
❸ **李 代理**는 날마다 밤늦게까지 남아서 일합니다.	☐ 대 리
❹ 밭과 논의 곡식이 따뜻한 **陽氣**를 받아 알알이 영글어 갑니다.	☐ ☐
❺ **李 會長**은 방북 기간 중 북한의 주요 공업 시설을 둘러볼 예정입니다.	☐ 회 ☐
❻ 우리 가족은 **夕陽**을 바라보며 정원을 거닐었습니다.	☐ ☐

도전! 6급 시험 다음 밑줄 친 단어의 한자를 <보기>에서 고르세요.

<보기> ① 李 代理 ② 陽地 ③ 陽氣 ④ 夕陽 ⑤ 李 會長

1. 마당에 핀 꽃이 <u>석양</u>에 더욱 붉게 보입니다. _____
2. <u>양지</u>에는 벌써 눈이 다 녹았습니다. _____
3. 여름은 만물이 자라고 <u>양기</u>가 강한 계절입니다. _____
4. 이 <u>대리</u>가 이번 워크숍 일정을 짰습니다. _____

1. ④ 2. ② 3. ③ 4. ①

07 임금이 다스리는 고을 郡, 서서 입 벌리고 모인 떼 部

고을 군

고을 군은 임금이 손에 막대 쥐고
입 벌려 다스리는(君) 고을을(阝) 가리켜요.

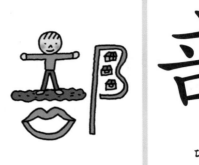

떼 부

떼 부는 서서 입을 벌리고(咅)
떼 지어 고을에 모여 있는(阝) 모습이에요.

 풀이말을 큰 소리로 읽으며 획을 따라 쓰세요.

따라 써 봐!

ㄱ ㅋ ㅋ 尹 尹 君 君

君	君	君	君
임금이 다스리는	고을을 가리키는	고을 군	고을 ☐

ㆍ ㄱ ㄹ ㅎ 효 효 흠 흠 흠

部	部	部	部
서서 입 벌리고	떼 지어 고을에 모인	떼 부	떼 ☐

 郡(고을 군)에서 君(임금 군)은 손에 막대 쥐고(尹) 입으로 명령하는(口) 임금이에요.
部(떼 부)에서 咅는 서서(立) 입 벌리고 말하는(口) 사람 여럿을 나타내요.
유의어 郡(고을 군) ― 邑(고을 읍)

32

물방울 ○에 가려진 한자를 필순에 맞게 쓰고, 빈칸에 알맞은 훈과 음을 쓰세요.

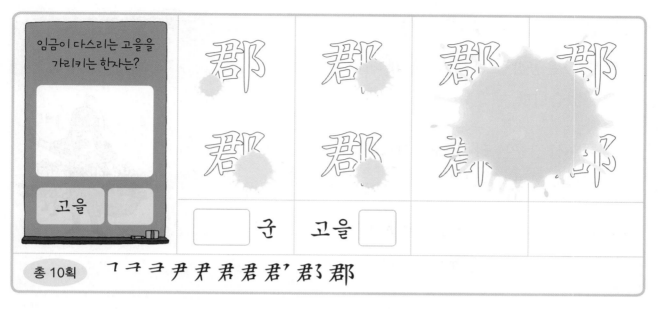

임금이 다스리는 고을을 가리키는 한자는? 고을	郡	郡	郡 郡
	郡	郡	
	☐ 군	고을 ☐	

총 10획　ㄱ ㄱ ㅋ 尹 尹 君 君 君' 君³ 郡

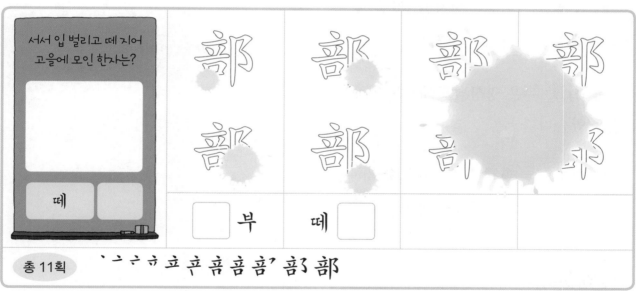

서서 입 벌리고 떼지어 고을에 모인 한자는? 떼	部	部	部 部
	部	部	
	☐ 부	떼 ☐	

총 11획　` ㅗ ㅗ ㅗ 立 产 吝 咅 咅' 咅³ 部

 한자의 음을 쓰세요.

❶ 군에 사는 백성 **郡民** ☐☐　　　　❷ 부서의 아랫사람 **部下** ☐☐

❸ 군과 읍 **郡邑** ☐☐　　　　　　❹ 전체를 나눈 **部分** ☐ 분

❺ 지리산이 있는 **山淸郡** ☐ 청 ☐　❻ 부분이 아닌 모두 **全部** ☐☐

예습! 6급 한자　分(나눌 분) 淸(맑을 청)　복습! 한자　民(백성 민) 下(아래 하) 邑(고을 읍) 山(메 산) 全(온전 전)

문장을 소리 내어 읽고 한자의 음을 쓰세요.

소리 내어 문장 읽기	한자 음 쓰기
❶ 학교 운동장을 빌려 **郡民** 체육대회를 열었습니다.	☐☐
❷ 이순신 장군은 **部下**들을 거느리고 전투에 앞장섰습니다.	☐☐
❸ 나라에서는 일할 사람이 부족한 지방 **郡邑**에 사람들을 보냈습니다.	☐☐
^{수학3} **全體**에 대하여 색칠한 **部分**의 크기를 분수로 나타내어 보시오.	☐☐ , ☐ 분 • 全(온전 전) 體(몸 체)
❺ **山淸郡**은 경상남도에서도 서쪽에 있습니다.	☐ 청 ☐
❻ 할머니는 평생 모은 재산 **全部**를 대학에 장학금으로 내놓았습니다.	☐☐

도전! 6급 시험 다음 밑줄 친 단어의 한자를 〈보기〉에서 고르세요.

〈보기〉   ① 部下   ② 郡邑   ③ 部分   ④ 全部   ⑤ 郡民

1. <u>부분</u>이 모여서 전체가 됩니다. _____

2. 그 사람의 말과 행동은 <u>전부</u> 거짓이었습니다. _____

3. 지방 <u>군읍</u>까지 만세 소리가 울려 퍼졌습니다. _____

4. <u>군민</u>들의 기세가 보통이 아니었습니다. _____

08 나뭇가지 잘라 만드는 재주 才, 나뭇가지에 흙이 있을 在

재주 재

있을 재

재주 재는 나뭇가지를(十) 비껴 자르는(丿)
모습이에요. 물건을 잘 만들거나
일을 잘해 내는 재주를 가리켜요.

있을 재는 나뭇가지를(ナ) 잘라
땅에 내리박아(丨) 흙이 모여 있는(土)
모습을 그렸어요.

 풀이말을 큰 소리로 읽으며 획을 따라 쓰세요.

따라 써 봐!

才	才	才	才
나뭇가지를	비껴 잘라 물건 만드는	재주 재	재주 ☐

在	在	在	在	在
나뭇가지를 잘라	땅에 박아	흙이 모여	있을 재	있을 ☐

 才(재주 재)와 在(있을 재)에서 丿(삐칠 별)은 나뭇가지를 자르는 모습을 나타내요.
유의어 才(재주 재) ─ 術(재주 술), 在(있을 재) ─ 有(있을 유)

물방울 🔵 에 가려진 한자를 필순에 맞게 쓰고, 빈칸에 알맞은 훈과 음을 쓰세요.

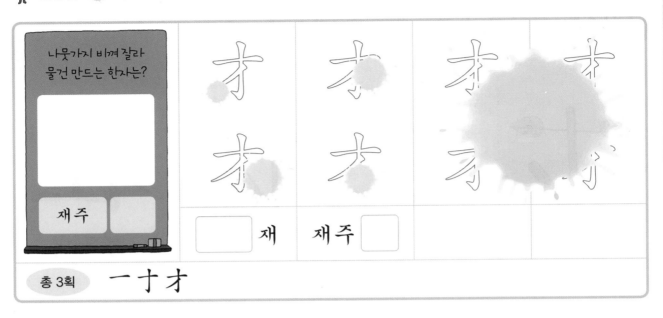

나뭇가지 비껴 잘라 물건 만드는 한자는?

재주

총 3획 一 十 才

[ ] 재 재주 [ ]

나뭇가지 땅에 박아 흙이 모여 있는 한자는?

있을

총 6획 一 ナ 才 尹 在 在

[ ] 재 있을 [ ]

 한자의 음을 쓰세요.

① 재주가 뛰어난 사람 **人才** [   ]

② 초야에 파묻혀 있는 **在野** [야]

③ 하늘이 내린 재주 **天才** [   ]

④ 어떤 곳에 있음 **所在** [   ]

⑤ 재주와 예쁜 생김새 **才色** [   ]

⑥ 그곳에 없는 사람 **不在者** [   ]

예습! 6급 한자 野(들 야) 복습! 한자 人(사람 인) 天(하늘 천) 所(바 소) 色(빛 색) 不(아닐 불) 者(놈 자)

36

문장을 소리 내어 읽고 한자의 음을 쓰세요.

소리 내어 문장 읽기	한자 음 쓰기
❶ 세종은 훌륭한 **人才**를 뽑아 수많은 업적을 남겼습니다.	☐☐
❷ 삼촌은 이 방면에서는 유명한 **在野** 학자입니다.	☐ 야
❸ 형은 어려운 수학 문제도 척척 푸는 **天才**예요.	☐☐
❹ 이 표를 보면 마을에 **所在**한 유적지 현황을 알 수 있습니다.	☐☐
❺ 춘향이는 **才色**을 두루 갖춘 처녀였습니다.	☐☐
❻ '국외 **不在者**' 신고를 하면 해외에서도 투표할 수 있습니다.	☐☐☐

도전! 6급 시험 다음 밑줄 친 단어의 한자를 〈보기〉에서 고르세요.

〈보기〉   ① 人才   ② 才色   ③ 在野   ④ 所在   ⑤ 天才

1. 천재란 99%의 땀과 노력으로 이루어집니다. _____

2. 대통령은 청와대로 재야인사들을 초청하였습니다. _____

3. 경찰이 범인의 소재를 찾고 있습니다. _____

4. 국가에서는 인재를 찾아내려고 노력합니다. _____

1. ⑤ 2. ③ 3. ④ 4. ①

09 벼를 칼로 잘라 이할 利, 벼를 입에 넣어 화할 和

이할 리

화할 화

이할 리는 벼 이삭을(禾) 칼로 자르는(刂) 모습이에요.
'이하다'는 이롭다는 뜻이에요.
벼 이삭을 잘라 곡식을 얻으니 아주 이로워요.

화할 화는 벼를 거두어(禾)
입에 넣어 먹는(口) 모습이에요.
밥을 나누어 먹는 모습이 참 화목해요.

 풀이말을 큰 소리로 읽으며 획을 따라 쓰세요.

따라 써 봐!

利	利	利	利
벼를	칼로 잘라 거두는	이할 리	이할 ☐

和	和	和	和
벼를 거두어	입에 넣어 화목하니	화할 화	화할 ☐

 利(이할 리)에서 刂(칼 도 방)은 刀(칼 도)의 줄임꼴이에요. 刀(칼 도)는 칼등과 칼날을 그린 글자예요.
和(화할 화)에서 禾(벼 화)는 이삭 달린 벼를 그렸어요.
유의어 和(화할 화) ― 平(평평할 평)

38

물방울 ⬤ 에 가려진 한자를 필순에 맞게 쓰고, 빈칸에 알맞은 훈과 음을 쓰세요.

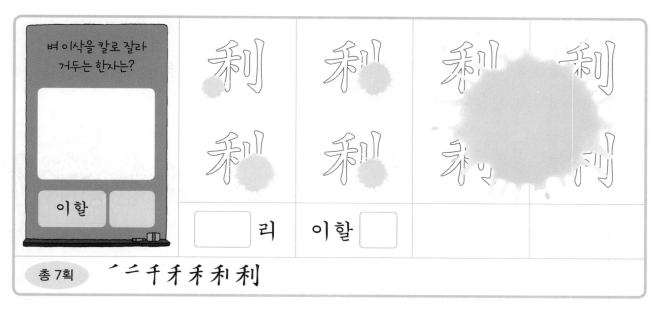

벼 이삭을 칼로 잘라 거두는 한자는?

이할

□ 리   이할 □

총 7획   ´ ㄴ 千 禾 禾 和 利

벼를 거두어 입에 넣어 먹는 한자는?

화할

□ 화   화할 □

총 8획   ´ ㄴ 千 禾 禾 禾 和 和

 한자의 음을 쓰세요.

❶ 이롭게 쓰는 **利用** [용]

❷ 화목하게 모이는 **和合** [합]

❸ 편하고 이로운 **便利** [   ]

❹ 평온하고 화목한 **平和** [   ]

❺ 이로움이 있는 **有利** [   ]

❻ 따뜻하고 부드러운 **溫和** [온   ]

예습! 6급 한자 用(쓸 용) 合(합할 합) 溫(따뜻할 온)   복습! 한자 便(편할 편) 平(평평할 평) 有(있을 유)

문장을 소리 내어 읽고 한자의 음을 쓰세요.

소리 내어 문장 읽기	한자 음 쓰기
^{국어 3} ❶ 바닷물을 **利用**하여 소금을 얻을 수 있습니다.	☐ 용
❷ 올림픽은 전 세계 사람들이 **和合**하는 축제입니다.	☐ 합
^{사회 3} ❸ 마을 방송은 한 번에 많은 소식을 알릴 수 있어 **便利**합니다.	☐☐
❹ 세상에 전쟁이 없어져서 모두가 **平和**롭게 살면 좋겠어요.	☐☐
^{과학 3} ❺ 낙타의 생김새와 특징이 사막에서 살기에 **有利**한 까닭을 써 봅시다.	☐☐
❻ 사월은 날씨가 꽤 **溫和**하지요.	온 ☐

도전! 6급 시험 다음 밑줄 친 단어의 한자를 <보기>에서 고르세요.

<보기> ① 便利 ② 有利 ③ 利用 ④ 溫和 ⑤ 平和

1. 이 동네는 지하철이 있어 교통이 편리합니다. _____

2. 가정의 평화는 행복의 시작입니다. _____

3. 우리는 유리한 위치에서 적과 싸웠습니다. _____

4. 난류는 기후를 온화하게 합니다. _____

10 벼를 말에 담아 가르는 과목 科, 쌀이 다닥다닥 붙은 쌀 米

과목 과는 벼를 거두어(禾) 알곡을 말에 담아 종류별로 가르는(斗) 모양이에요.

쌀 미는 쌀알이(丷) 벼 이삭에(十) 다닥다닥 붙어 있는(八) 모양이에요.

 풀이말을 큰 소리로 읽으며 획을 따라 쓰세요.

따라 써 봐!

🐱 禾 禾 禾 科

科	科	科	科
벼를 거두어	알곡을 말에 담아 가르는	과목 과	과목 ☐

米	米	米	米	米
쌀알이	벼 이삭에	다닥다닥 붙으니	쌀 미	쌀 ☐

🐱 科(과목 과)에서 斗(말 두)는 곡식을 담아 양을 재는 그릇인 말을 나타내요.
유의어 科(과목 과) ー 目(눈 목)

41

물방울 ● 에 가려진 한자를 필순에 맞게 쓰고, 빈칸에 알맞은 훈과 음을 쓰세요.

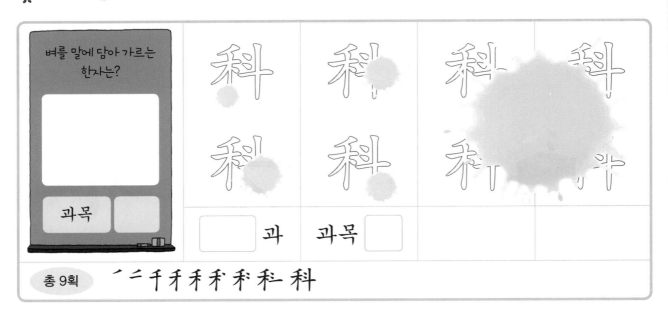

벼를 말에 담아 가르는 한자는?

과목

총 9획　 一 二 千 禾 禾 禾 科 科 科

□ 과　　과목 □

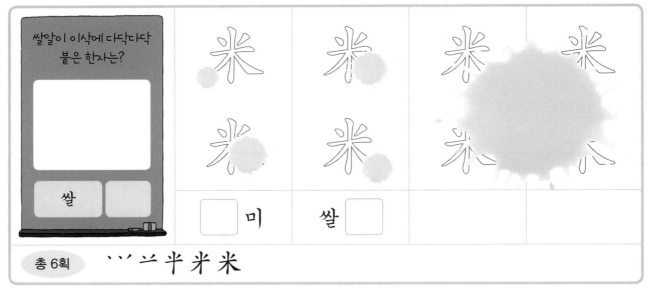

쌀알이 이삭에 다닥다닥 붙은 한자는?

쌀

총 6획　 丶 丶 丷 二 半 米 米

□ 미　　쌀 □

 한자의 음을 쓰세요.

❶ 학문을 갈라 나눈 **科目**　과

❷ 쌀을 걸쭉하게 끓인 **米飮**

❸ 과학을 연구하는 **科學者**

❹ 쌀의 빛깔 **米色**

❺ 공업을 전공하는 **工科**

❻ 흰쌀 **白米**

복습! 한자 目(눈 목) 飮(마실 음) 學(배울 학) 者(놈 자) 色(빛 색) 工(장인 공) 白(흰 백)

문장을 소리 내어 읽고 한자의 음을 쓰세요.

소리 내어 문장 읽기	한자 음 쓰기
❶ 제가 가장 좋아하는 **科目**은 국어예요.	과 ☐
❷ 어머니께서 **米飮**을 끓여 주셨습니다.	☐ ☐
_{과학3} ❸ 여러분이 로봇 **科學者**가 된다면 어떤 로봇을 만들고 싶은가요?	☐ ☐ ☐
❹ 선생님은 흰색 와이셔츠에 연한 **米色**의 재킷을 입고 있었습니다.	☐ ☐
❺ 누나는 **工科** 대학에서 기계를 연구합니다.	☐ ☐
❻ 정부에서는 **白米** 오천 석을 사람들에게 나눠 주었습니다.	☐ ☐

도전! 6급 시험 다음 밑줄 친 단어의 한자를 〈보기〉에서 고르세요.

〈보기〉 ① 科目   ② 工科   ③ 米飮   ④ 米色   ⑤ 白米

1. 과목에 따라 성적 차이가 많았습니다. _____

2. 형은 공과 대학에 다닙니다. _____

3. 미음이라도 먹고 힘을 내야지……. _____

4. 백미보다 현미에 영양이 더 많습니다. _____

1.① 2.② 3.③ 4.⑤

43

복습해 볼까요?

 빈칸에 알맞은 한자와 훈음을 쓰세요.

 米 쌀 미	 郡	 오얏 리	 科	 있을 재
  떼 부	 재주 재	 陽	 화할 화	 利
 과목 과	 米 米	 이할 리	 部	 별 양

빈칸에 알맞은 한자를 〈보기〉에서 찾아 쓰세요.

① 마을 방송은 한 번에 많은 소식을 알릴 수 있어 편[　　]합니다.

② 세상에 전쟁이 없어져서 모두 평[　　]롭게 살았으면 좋겠습니다.

③ 제가 가장 좋아하는 [　　]목은 사회입니다.

④ 우리 형은 어려운 수학 문제도 척척 풀어서 천[　　]로 불려요.

⑤ 전체에 대하여 색칠한 [　　]분의 크기를 분수로 나타내어 보시오.

⑥ 우리 가족은 석[　　]을 바라보며 정원을 거닐었어요.

⑦ 어머니가 [　　]음을 끓여 주셨습니다.

⑧ 지방 [　　]읍에는 인구가 적어서 일할 사람이 부족합니다.

⑨ 대통령은 청와대로 [　　]야인사들을 초청했습니다.

⑩ [　　]회장은 북한의 주요 공업 시설을 둘러볼 예정입니다.

6급 시험 기출 문제

맞힌 개수: ____ /30 개

[1~10] 다음 한자어의 음(音: 소리)을 쓰세요.

<보기> 漢字 → 한자

1. 제가 좋아하는 **科目**은 국어입니다.

2. 지하철이 있어 교통이 **便利**합니다.

3. **部分**분이 모여서 전체가 됩니다.

4. 모두가 **平和**롭게 살면 좋겠어요.

5. 꽃이 **夕陽**에 비쳐 붉게 보입니다.

6. **天才**는 땀과 노력으로 이루어져요.

7. 그는 유명한 **在野**야 학자입니다.

8. 지방 **郡邑**까지 만세 소리가 퍼졌습니다.

9. **米飮**이라도 먹고 힘을 내야지…….

10. 소년의 말은 **全部** 거짓이었어요.

[11~14] 다음 한자의 훈(訓: 뜻)과 음(音: 소리)을 쓰세요.

<보기> 字 → 글자 자

11. **郡** _____

12. **利** _____

13. **部** _____

14. **科** _____

[15~18] 다음 밑줄 친 한자어의 한자를 쓰세요.

<보기> 국어 → 國語

15. 식물의 성장에는 햇빛이 필요해요.

16. 드디어 읍내에 큰 병원이 생겼어요.

17. 수학은 내가 좋아하는 과목입니다.

18. 무궁화 삼천리 화려 강산

[19~20] 다음 한자의 상대 또는 반대되는 글자를 골라 ☐ 안에 그 번호를 쓰세요.

19. 左: ①白 ②木 ③由 ④右 ☐

20. 地: ①利 ②天 ③才 ④朴 ☐

[21~22] 다음 한자와 뜻이 비슷한 한자를 골라 ☐ 안에 그 번호를 쓰세요.

21. 才: ①根 ②術 ③速 ④信 ☐

22. 在: ①色 ②由 ③米 ④有 ☐

[23~24] 다음 ☐ 안에 알맞은 한자를 〈보기〉에서 찾아 그 번호를 쓰세요.

〈보기〉
①李 ②陽 ③郡 ④部
⑤才 ⑥在 ⑦利 ⑧和

23. 自由自☐ : 거침없이 자기 마음대로 할 수 있음

24. 中☐地方: 어떤 지역의 가운데 자리한 지방

[25~26] 다음 중 소리(音)는 같으나 뜻(訓)이 다른 한자를 골라 ☐ 안에 그 번호를 쓰세요.

25. 部: ①油 ②夫 ③章 ④使 ☐

26. 和: ①下 ②畫 ③兄 ④休 ☐

[27~28] 다음 한자어의 뜻을 풀이하세요.

27. 陽地 _____

28. 有利 _____

[29~30] 다음 한자의 짙게 표시한 획은 몇 번째 쓰는 획인지 〈보기〉에서 찾아 ☐ 안에 그 번호를 쓰세요.

〈보기〉
⑦ 일곱 번째　　⑧ 여덟 번째
⑨ 아홉 번째　　⑩ 열 번째
⑪ 열한 번째　　⑫ 열두 번째

29. 科 ☐

30. 陽 ☐

🐱 헷갈리는 한자는 다시 써 보세요.

11 마을에서 뛰노는 아이 童, 구슬 다듬듯 마을을 다스릴 理

아이 동

아이 동은 서서(立) 마을에서
뛰어노는(里) 아이를 가리켜요.

理

다스릴 리

다스릴 리는 구슬을 갈고 다듬듯(王)
마을을 다스리는(里) 모습이에요.

 풀이말을 큰 소리로 읽으며 획을 따라 쓰세요.

따라 써 봐!

产 音 音 音 音 童 童

童	童	童	童
서서	마을에서 뛰어노는	아이 동	아이 [ ]

一 二 千 王

理	理	理	理
구슬을 갈고 다듬듯	마을을	다스릴 리	다스릴 [ ]

童(아이 동)에서 里(마을 리)는 밭을 갈고(日) 흙을 일구며 살아가는(土) 시골 마을을 뜻해요.
童(아이 동)과 理(다스릴 리)에서 里(마을 리)는 田 + 土의 8획이 아니라 日 + 土의 7획이에요.
반의어 童(아이 동) ↔ 老(늙을 로)

물방울 ⬤ 에 가려진 한자를 필순에 맞게 쓰고, 빈칸에 알맞은 훈과 음을 쓰세요.

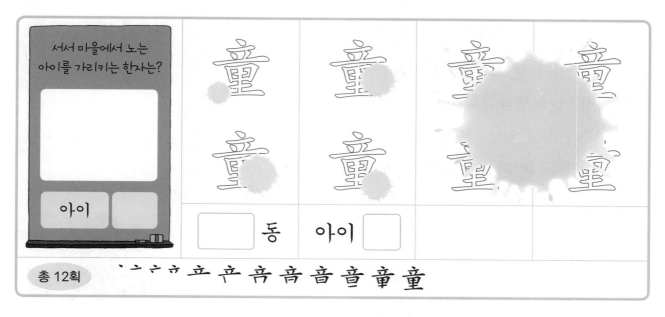

총 12획   `一二六立产产音音音童童

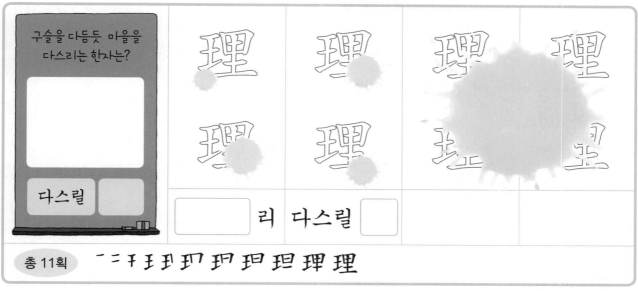

총 11획   一二千王珇玛珇理理理

 한자의 음을 쓰세요.

❶ 아이의 마음 **童心**

❷ 사물의 이치 **物理**

❸ 아이를 위한 이야기 **童話**

❹ 대신하여 처리하는 **代理** 대

❺ 재주가 뛰어난 아이 **神童** 신

❻ 이치에 맞는 길 **道理**

예습! 6급 한자 代(대신할 대) 神(귀신 신)   복습! 한자 心(마음 심) 物(물건 물) 話(말씀 화) 道(길 도)

49

문장을 소리 내어 읽고 한자의 음을 쓰세요.

소리 내어 문장 읽기	한자 음 쓰기
❶ 오랜만에 **童心**에 젖어 모두 즐거운 시간을 보냈습니다.	
❷ **物理**는 공부하기 어려운 과목입니다.	
❸ 나는 만화책보다 **童話**책이 좋아요.	
❹ 아버지는 술을 드시면 꼭 **代理** 운전을 이용하십니다.	대
❺ 언니는 세 살 때 글을 읽어 **神童**으로 불렸어요.	신
❻ 사람으로서 **道理**에 어긋나는 일을 해서는 안 됩니다.	

도전! 6급 시험 다음 밑줄 친 단어의 한자를 <보기>에서 고르세요.

<보기>   ① 童心   ② 童話   ③ 代理   ④ 道理   ⑤ 物理

1. 엄마가 읽어 주시는 <u>동화</u>를 들으며 잠들었습니다. _____

2. 부모님께 자식의 <u>도리</u>를 다하여야 합니다. _____

3. 동시에는 어린이들의 <u>동심</u>의 세계가 담겨 있습니다. _____

4. 삼촌이 아버지의 <u>대리</u>로 모임에 참석했습니다. _____

1.② 2.④ 3.① 4.③

50

12 마을에 베처럼 펼쳐진 들 野, 밭 사이를 가르는 지경 界

들 야

지경 계

들 야는 마을에(里) 베처럼
넓게 펼쳐진(予) 들판을 그렸어요.

지경 계는 밭과 밭(田) 사이를(八)
갈라 나누는(八) 밭둑을 그려 지경을 나타내요.

 풀이말을 큰 소리로 읽으며 획을 따라 쓰세요.

ㅣ冂日日旦甲里

따라 써 봐!

野	野	野	野
마을에	베처럼 펼쳐진	들 야	들 ☐

界	界	界	界
밭	사이를	갈라 나누는	지경 계
			지경 ☐

野(들 야)에서 予(나/줄 여)는 베틀의 북과 바디를 그려 베를 짜는 것을 나타내요. 북과 바디는 베를 짜는 기구예요.
界(지경 계)에서 지경(地境)은 땅을 가르는 경계를 뜻해요.

물방울 에 가려진 한자를 필순에 맞게 쓰고, 빈칸에 알맞은 훈과 음을 쓰세요.

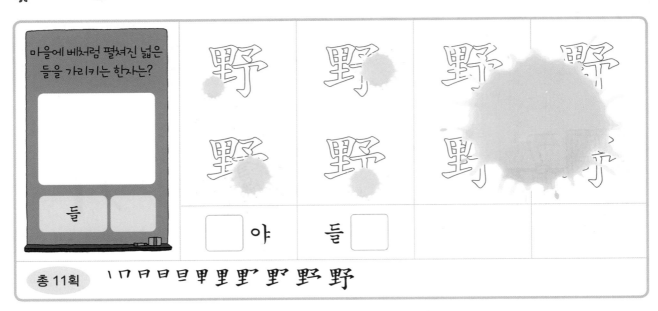

마을에 베처럼 펼쳐진 넓은 들을 가리키는 한자는?

들

□ 야   들 □

총 11획   丨 冂 冃 日 旦 甲 里 野 野 野 野

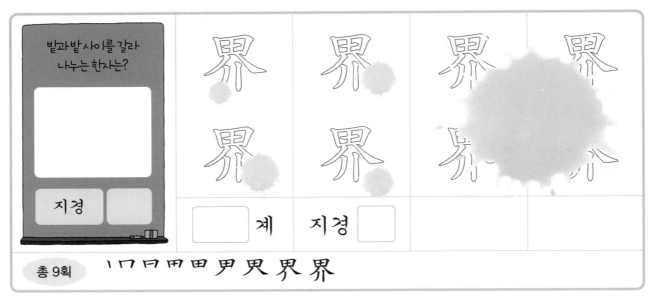

밭과 밭 사이를 갈라 나누는 한자는?

지경

□ 계   지경 □

총 9획   丨 冂 冂 皿 田 甼 界 界 界

 한자의 음을 쓰세요.

❶ 숲과 들 林野   임

❷ 세상 여러 나라 世界

❸ 평평하고 너른 들 平野

❹ 학문의 세계 學界

❺ 바깥 들판 野外

❻ 바깥 세계 外界

복습! 한자   林(수풀 림) 世(인간 세) 平(평평할 평) 學(배울 학) 外(바깥 외)

문장을 소리 내어 읽고 한자의 음을 쓰세요.

소리 내어 문장 읽기	한자 음 쓰기
❶ 이 지역은 전체의 약 절반이 **林野**로 이루어져 있습니다.	임 ☐
^{과학 3} ❷ 동물이 멸종하는 것을 막기 위하여 **世界** 여러 나라에서 노력을 하고 있습니다.	☐ ☐
^{과학 3} ❸ 물이 흘러넘칠 때 흙더미가 쌓여 **平野**가 됩니다.	☐ ☐
❹ 박 교수님의 연구 결과는 **學界**의 주목을 받았습니다.	☐ ☐
❺ 주말에는 온 가족이 **野外**로 나가요.	☐ ☐
❻ 그 친구는 마치 **外界**에서 온 사람처럼 보입니다.	☐ ☐

도전! 6급 시험 다음 밑줄 친 단어의 한자를 〈보기〉에서 고르세요.

〈보기〉 　　① **野外**　　② **平野**　　③ **世界**　　④ **外界**　　⑤ **林野**

1. 조수미는 <u>세계</u>를 무대로 활동하는 성악가입니다. _____

2. 산불로 <u>임야</u> 10헥타르가 탔습니다. _____

3. 정말 <u>외계</u>인이 있을까요? _____

4. 넓은 <u>평야</u>에서 논농사를 짓습니다. _____

1.③ 2.⑤ 3.④ 4.②

13 물이 푸르러 맑을 淸, 실을 글씨 새기듯 물들여 푸를 綠

맑을 청

맑을 청은 물이(氵)
푸르러(靑) 맑은 것을 나타내요.

푸를 록

푸를 록은 실을(糸) 글씨 새기듯(彔)
초록으로 물들이는 모습이에요.

 풀이말을 큰 소리로 읽으며 획을 따라 쓰세요.

따라 써 봐!

🐱 氵氵氵氵淸淸淸淸

淸	淸	淸	淸
물이	푸르러	맑을 청	맑을 ☐

🐱 糹糹糿絉綟綠綠綠

綠	綠	綠	綠
실을	글씨 새기듯 물들여	푸를 록	푸를 ☐

🐱 淸(맑을 청)에서 靑(푸를 청)은 쪽풀을 우물에 담그면 푸른색 물이 우러나는 모습을 그렸어요.
　　綠(푸를 록)에서 彔(새길 록)은 나무를 파서 올록볼록 글씨를 새기는 모습을 나타내요.
　유의어 綠(푸를 록) ― 靑(푸를 청)

물방울 ◯ 에 가려진 한자를 필순에 맞게 쓰고, 빈칸에 알맞은 훈과 음을 쓰세요.

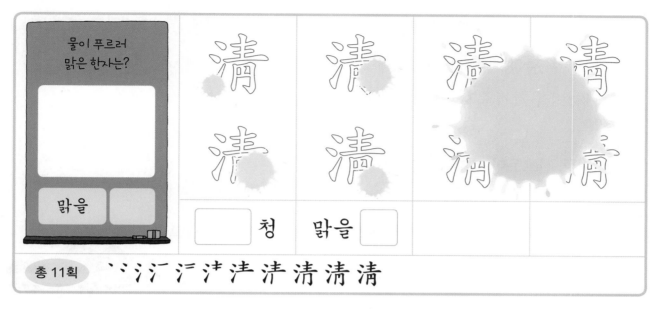

물이 푸르러 맑은 한자는?

맑을

☐ 청   맑을 ☐

총 11획   ` ` ` ` ` ` 氵 氵 汢 洁 清 清 清 清

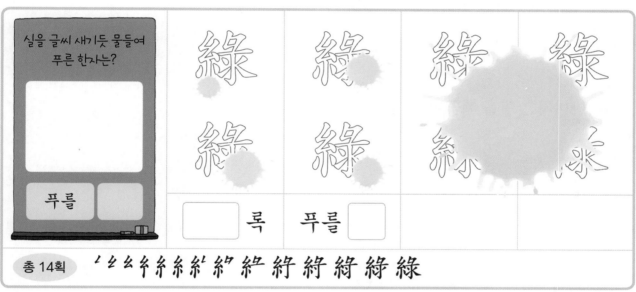

실을 글씨 새기듯 물들여 푸른 한자는?

푸를

☐ 록   푸를 ☐

총 14획   ` ` ` ` ` ` 纟 纟 纟 纟 綪 綪 綠 綠

 한자의 음을 쓰세요.

❶ 맑고 밝은 清明 [　　　명]

❷ 푸른빛 綠色 [　　　]

❸ 맑고 부드러운 바람 清風 [　　　풍]

❹ 풀의 푸른빛 草綠 [　　　]

❺ 깨끗이 해결함 清算 [　　　]

❻ 푸른빛을 띤 녹색 靑綠 [　　　]

예습! 6급 한자 明(밝을 명) 風(바람 풍)   복습! 한자 色(빛 색) 草(풀 초) 算(셈 산) 靑(푸를 청)

문장을 소리 내어 읽고 한자의 음을 쓰세요.

소리 내어 문장 읽기	한자 음 쓰기
❶ 날씨가 清明하여 가족이 함께 나들이를 가기로 했습니다.	☐ 명
^{사회3} ❷ 綠色 신호등이 켜지면 길을 건너요.	☐☐
❸ 맑은 공기와 清風이 감도는 아름다운 자연이 그립습니다.	☐ 풍
^{과학3} ❹ 草綠초등학교 화단에는 '흙순이'가 살고 있습니다.	☐☐
❺ 아버지는 빚을 깨끗이 清算하셨습니다.	☐☐
❻ 青綠색 모자를 쓰니 기분이 산뜻해요.	☐☐

도전! 6급 시험 다음 밑줄 친 단어의 한자를 〈보기〉에서 고르세요.

〈보기〉   ① 清明   ② 清風   ③ 青綠   ④ 草綠   ⑤ 綠色

1. 시월의 가을 하늘이 너무나 청명합니다. _____
2. 초록빛 바닷물에 발을 담그고 싶어요. _____
3. 녹색과 붉은색은 보색입니다. _____
4. 정자에 앉으니 한 줄기 청풍이 불어옵니다. _____

1.① 2.④ 3.⑤ 4.②

14 풀 한가운데 피는 꽃부리 英, 물 굽어 길게 흐르는 길 永

꽃부리 영

길 영

꽃부리 영은 풀(++) 한가운데 피어나는
꽃잎인(央) 꽃부리를 가리켜요.

길 영은 물방울이 튀고(丶) 굽으며(丁)
흐르고 흘러 길게 이어지는(氺) 모습이에요.

 풀이말을 큰 소리로 읽으며 획을 따라 쓰세요.

따라 써 봐!

英	英	英	英
풀	한가운데 피어난 꽃잎	꽃부리 영	꽃부리 ☐

永	永	永	永	永
물방울이 튀고	굽으며	흐르고 흘러 길고 긴	길 영	길 ☐

英(꽃부리 영)에서 央(가운데 앙)은 옛날 형틀인 칼을 머리에 찬 모양으로 가운데를 나타내요.

물방울 🟢 에 가려진 한자를 필순에 맞게 쓰고, 빈칸에 알맞은 훈과 음을 쓰세요.

풀 한가운데 피어난 꽃잎을 가리키는 한자는?

꽃부리

□ 영 꽃부리 □

총 9획 一 十 艹 艹 苩 芇 英 英

물방울이 튀고 굽어지며 길게 흐르는 한자는?

길

□ 영 길 □

총 5획 丶 丁 刁 永 永

 한자의 음을 쓰세요.

① 뛰어난 재주 **英才** ▭

② 길고 멀어 끝없는 **永遠** ▭ 원

③ 남달리 뛰어난 **英特** ▭ 특

④ 영원히 사는 **永生** ▭

⑤ 미국과 영국의 말 **英語** ▭

⑥ 언제까지나 영원히 **永永** ▭

예습! 6급 한자 遠(멀 원) 特(특별할 특) 복습! 한자 才(재주 재) 生(날 생) 語(말씀 어)

58

문장을 소리 내어 읽고 한자의 음을 쓰세요.

소리 내어 문장 읽기	한자 음 쓰기
❶ 부모는 자식에게 英才 교육을 시켰습니다.	☐☐
❷ 이 사건은 역사에 永遠히 기록될 것입니다.	☐ 원
❸ 동생은 어려서부터 英特하고 모든 일에 뛰어났어요.	☐ 특
❹ 진시황은 永生 불사를 하고 싶어 불로초를 구했습니다.	☐☐
❺ 英語 시간에 재미있는 게임을 했어요.	☐☐
❻ 이제 헤어지면 永永 못 보는 건가요?	☐☐

도전! 6급 시험 다음 밑줄 친 단어의 한자를 <보기>에서 고르세요.

<보기> ① 英才   ② 英特   ③ 英語   ④ 永生   ⑤ 永遠

1. 이 순간을 영원히 간직하고 싶습니다. _____

2. 학교에서 영재들의 조기 입학을 허가하였습니다. _____

3. 윤수는 영특하지만 몸이 너무 허약합니다. _____

4. 미라는 다음 세상의 영생을 위해 만들어졌습니다. _____

15 물을 주인이 부을 注, 물을 욕조에 부어 따뜻할 溫

부을 주

따뜻할 온

부을 주는 물을(氵)
주인이(主) 붓는 모양이에요.

따뜻할 온은 따뜻한 물을(氵)
욕조에 있는 사람에게(囚) 그릇으로(皿)
붓는 모양이에요.

 풀이말을 큰 소리로 읽으며 획을 따라 쓰세요.

따라 써 봐!

注	注	注	注
물을	주인이	부을 주	부을 ☐

 溫溫溫溫溫

溫	溫	溫	溫	溫
따뜻한 물을	욕조 안의 사람에게	그릇으로 부어	따뜻할 온	따뜻할 ☐

 注(부을 주)에서 主(주인 주)는 촛불이 촛대 한가운데서 타는 모양이에요. 집의 한가운데 있는 주인을 나타내요.

물방울 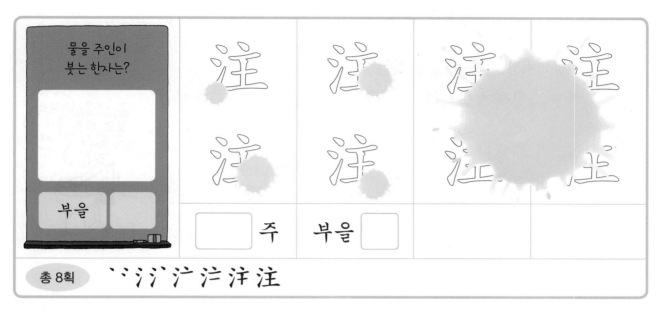 에 가려진 한자를 필순에 맞게 쓰고, 빈칸에 알맞은 훈과 음을 쓰세요.

물을 주인이 붓는 한자는?

부을

□ 주   부을 □

총 8획   ` ` ` ` ` ` ` ` 注

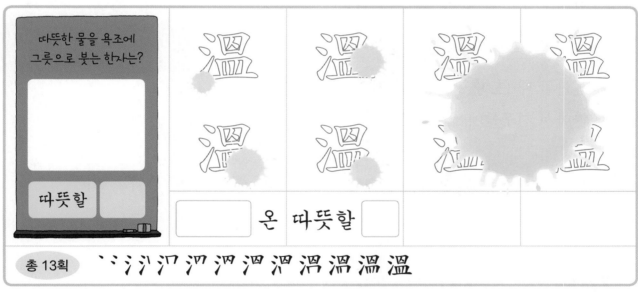

따뜻한 물을 욕조에 그릇으로 붓는 한자는?

따뜻할

□ 온   따뜻할 □

총 13획   ` ` ` ` ` ` ` ` ` ` ` ` 溫

 한자의 음을 쓰세요.

❶ 기름을 부어 넣는 **注油**

❷ 따뜻한 물 **溫水**

❸ 흘러 들어가게 붓는 **注入**

❹ 따뜻한 집 **溫室**

❺ 관심을 쏟아붓는 **注意**

❻ 몸의 온도 **體溫** 체

예습! 6급 한자 體(몸 체)   복습! 한자 油(기름 유) 水(물 수) 入(들 입) 室(집 실) 意(뜻 의)

소리 내어 문장 읽기	한자 음 쓰기
^{과학 3} ❶ **注油**소에서 기름을 넣을 때는 액체의 부피를 측정해야 합니다.	☐ ☐
❷ 보일러가 고장 나서 **溫水**가 나오지 않습니다.	☐ ☐
^{과학 3} ❸ 바깥에 있던 공기는 공기 **注入**기에서 풍선 안으로 이동합니다.	☐ ☐
❹ 한겨울에도 **溫室**에서는 아름다운 꽃들이 자라요.	☐ ☐
^{사회 3} ❺ 견학할 때 **注意**할 점을 잘 지키지 않아서 친구들에게 미안했습니다.	☐ ☐
❻ 환절기에는 **體溫** 조절을 잘해야 해요.	체 ☐

도전! 6급 시험 다음 밑줄 친 단어의 한자를 <보기>에서 고르세요.

<보기>　　①注油　　②注意　　③溫水　　④溫室　　⑤體溫

1. 사고가 나지 않도록 <u>주의</u>해야 합니다. _____
2. 할머니 댁에 가는 길에 <u>주유</u>소에 들렀습니다. _____
3. 나는 <u>온수</u>를 틀어서 목욕을 합니다. _____
4. <u>체온</u>은 일정하게 유지되어야 합니다. _____

 빈칸에 알맞은 한자와 훈음을 쓰세요.

	理		野	
길 영		꽃부리 영		부을 주

		清		綠
따뜻할 온	아이 동		지경 계	

注			溫	
	다스릴 리	들 야		맑을 청

빈칸에 알맞은 한자를 〈보기〉에서 찾아 쓰세요.

〈보기〉 童 理 野 界 清 綠 英 永 注 溫

① 전 세 ⬜ 가 야생 동물 보호를 위해 노력하고 있습니다.

② 나는 ⬜ 화의 나라에 가 보고 싶어요.

③ 이 사건은 역사에 ⬜ 원히 기록될 것입니다.

④ 초 ⬜ 초등학교 화단에는 '흙순이'가 살고 있습니다.

⑤ 날씨가 ⬜ 명하여 가족이 함께 나들이를 가기로 했어요.

⑥ 나라에서는 ⬜ 재들의 조기 입학을 허가하였습니다.

⑦ 미술관을 견학할 때는 ⬜ 의할 점을 잘 지켜야 합니다.

⑧ 사람으로서 도 ⬜ 에 어긋나는 일을 해서는 안 됩니다.

⑨ 물이 흘러넘칠 때마다 흙더미가 쌓여 평 ⬜ 가 됩니다.

⑩ 체 ⬜ 은 일정하게 유지되어야 합니다.

[1~10] 다음 한자어의 음(音: 소리)을 쓰세요.

<보기> 漢字 → 한자

1. 역사에 **永遠**히 기록될 것입니다.
_____

2. **世界**를 무대로 활동하는 가수입니다.
_____

3. 가을 하늘이 **淸明**^뗭합니다.
_____

4. **草綠**빛 바닷물에 발을 담가요.
_____

5. 두 **分數**의 분모를 같게 만드세요.
_____

6. 환절기에는 **體**^체**溫** 조절이 중요해요.
_____

7. 형은 어릴 때부터 **英才**로 불렸습니다.
_____

8. 넓은 **平野**에서 논농사를 짓습니다.
_____

9. **道理**에 어긋나는 일을 하면 안 돼요.
_____

10. **注油**소에서 기름을 넣고 떠납시다.
_____

[11~14] 다음 한자의 훈(訓: 뜻)과 음(音: 소리)을 쓰세요.

<보기> 字 → 글자 자

11. 野 _____

12. 綠 _____

13. 界 _____

14. 溫 _____

[15~18] 다음 밑줄 친 한자어의 한자를 쓰세요.

<보기> 국어 → 國語

15. 다음 주부터 <u>등교</u> 시간이 빨라집니다.
_____

16. <u>산수</u>는 기초적인 셈법을 말합니다.
_____

17. 옛이야기에 나오는 <u>효녀</u>를 만나요.
_____

18. <u>식목</u>일에 나무를 심기로 했어요.
_____

[19~20] 다음 한자의 상대 또는 반대되는 글자를 골라 ☐ 안에 그 번호를 쓰세요.

19. 童 : ① 米 ② 本 ③ 老 ④ 小 ☐

20. 下 : ① 左 ② 上 ③ 右 ④ 今 ☐

[21~22] 다음 한자와 뜻이 비슷한 한자를 골라 ☐ 안에 그 번호를 쓰세요.

21. 綠 : ① 農 ② 野 ③ 先 ④ 靑 ☐

22. 和 : ① 科 ② 活 ③ 平 ④ 理 ☐

[23~24] 다음 ☐ 안에 알맞은 한자를 <보기>에서 찾아 그 번호를 쓰세요.

<보기>
① 童 ② 理 ③ 野 ④ 界
⑤ 淸 ⑥ 綠 ⑦ 英 ⑧ 永

23. 草 ☐ 同色 : 이름은 다르나 따지고 보면 한가지

24. ☐ 生動物 : 산이나 들에서 저절로 나서 크는 동물

[25~26] 다음 중 소리(音)는 같으나 뜻(訓)이 다른 한자를 골라 ☐ 안에 그 번호를 쓰세요.

25. 注 : ① 晝 ② 川 ③ 弟 ④ 才 ☐

26. 理 : ① 意 ② 老 ③ 市 ④ 李 ☐

[27~28] 다음 한자어의 뜻을 풀이하세요.

27. 童心 _____

28. 溫氣 _____

[29~30] 다음 한자의 짙게 표시한 획은 몇 번째 쓰는 획인지 <보기>에서 찾아 ☐ 안에 그 번호를 쓰세요.

<보기>
⑦ 일곱 번째   ⑧ 여덟 번째
⑨ 아홉 번째   ⑩ 열 번째
⑪ 열한 번째   ⑫ 열두 번째

29. 溫 ☐

30. 錄 ☐

🐱 헷갈리는 한자는 다시 써 보세요.

16 불꽃으로 비추는 빛 光, 해와 달이 떠올라 밝을 明

빛 광

빛 광은 불꽃 아래 (龸) 앉은 사람이
빛을 널리 비추는(儿) 모습이에요.

밝을 명

밝을 명은 해와(日) 달이(月) 떠올라
밝게 비추는 모습이에요.

 풀이말을 큰 소리로 읽으며 획을 따라 쓰세요.

따라 써 봐!

光	光	光	光
불꽃 아래	앉은 사람이 빛을 비추는	빛 광	빛

明	明	明	明
해와	달이 비춰	밝을 명	밝을

 光(빛 광)에서 위쪽은 불꽃을 그렸고, 아래 儿(앉은 사람 인)은 앉아 있는 사람을 그렸어요.
　유의어 光(빛 광) ― 明(밝을 명), 光(빛 광) ― 色(빛 색)

물방울 ⬤ 에 가려진 한자를 필순에 맞게 쓰고, 빈칸에 알맞은 훈과 음을 쓰세요.

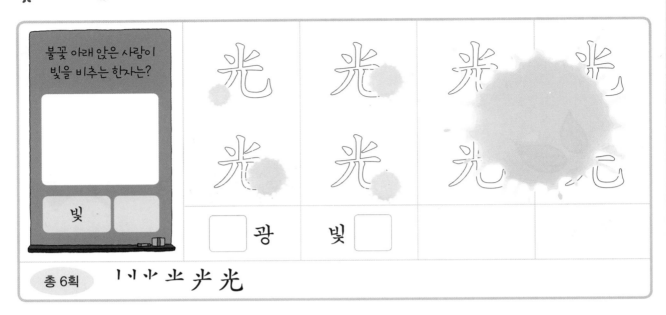

불꽃 아래 앉은 사람이 빛을 비추는 한자는?

빛

☐ 광 빛 ☐

총 6획 ㅣ ㅣ ㅚ ㅚ ⺌ 光

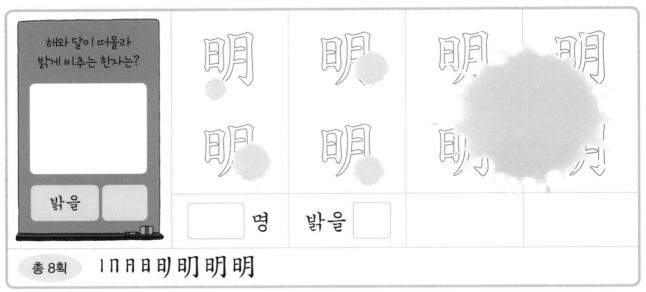

해와 달이 떠올라 밝게 비추는 한자는?

밝을

☐ 명 밝을 ☐

총 8획 ㅣ 冂 冃 日 日 明 明 明

 한자의 음을 쓰세요.

① 빛의 줄기 **光線**   선

② 밝아서 아주 뚜렷한 **明白**

③ 밝은 빛 **光明**

④ 밝고 좋은 집터 **明堂**   당

⑤ 빛을 내는 **發光**

⑥ 밝은 빛을 잃어버린 **失明**

예습! 6급 한자 線(줄 선) 堂(집 당)   복습! 한자 白(흰 백) 明(밝을 명) 發(쏠/필 발) 失(잃을 실)

68

문장을 소리 내어 읽고 한자의 음을 쓰세요.

소리 내어 문장 읽기	한자 음 쓰기
❶ 마치 눈에서 光線이 쏟아져 나오듯 소년의 눈빛은 강렬했습니다.	☐ 선
❷ 이번 일은 너의 明白한 잘못이다.	☐ ☐
❸ 어려움 속에서 드디어 光明의 빛줄기가 한 가닥 비쳤어요.	☐ ☐
❹ 우리 학교 자리가 明堂이라고 합니다.	☐ 당
❺ 반딧불이는 스스로 發光합니다.	☐ ☐
❻ 나는 사고로 失明했지만 점자 책으로 열심히 공부했어요.	☐ ☐

도전! 6급 시험 다음 밑줄 친 단어의 한자를 <보기>에서 고르세요.

<보기>　　① 發光　　② 光明　　③ 光線　　④ 明堂　　⑤ 明白

1. 직사광선은 피하는 게 좋습니다. _____

2. 우리의 앞길에 광명이 비칠 것입니다. _____

3. 그것은 부정할 수 없는 명백한 사실입니다. _____

4. 여기는 상가를 짓기에 명당이라 할 수 있습니다. _____

17 나뭇가지에 해 걸리는 아침 朝, 지붕 아래 사람과 달빛 밤 夜

朝

아침 조

夜

밤 야

아침 조는 나뭇가지에(十) 해가 걸리고(早) 달이 들어가는(月) 아침의 모습을 그렸어요.

밤 야는 지붕 아래(亠) 사람에게(亻) 달빛이 비치는(夊) 밤을 나타내요.

풀이말을 큰 소리로 읽으며 획을 따라 쓰세요.

따라 써 봐!

朝	朝	朝	朝	朝
나뭇가지에	해가 걸리고	달이 들어가는	아침 조	아침 □

夜

夜	夜	夜	夜	夜
지붕 아래	사람에게	달빛이 비치는	밤 야	밤 □

반의어 朝(아침 조) ↔ 夕(저녁 석), 夜(밤 야) ↔ 午(낮 오), 夜(밤 야) ↔ 晝(낮 주)

물방울 ⬤ 에 가려진 한자를 필순에 맞게 쓰고, 빈칸에 알맞은 훈과 음을 쓰세요.

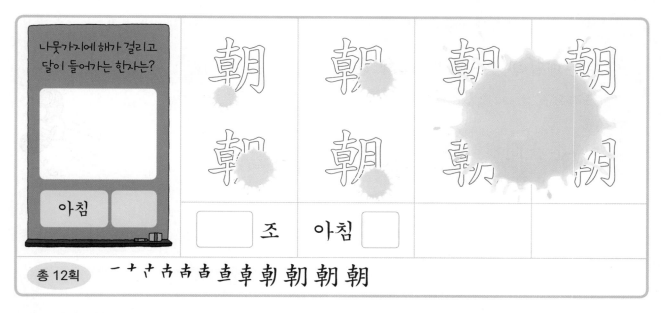

나뭇가지에 해가 걸리고 달이 들어가는 한자는?

아침

| | 조 | 아침 | |

총 12획   一 十 十 古 古 古 亩 卓 軺 朝 朝 朝

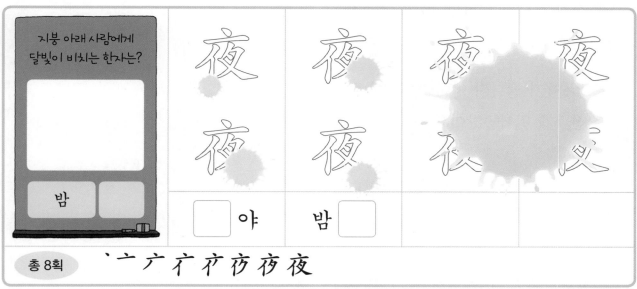

지붕 아래 사람에게 달빛이 비치는 한자는?

밤

| | 야 | 밤 | |

총 8획   ` 亠 广 广 庁 疒 夜 夜

 한자의 음을 쓰세요.

❶ 아침과 저녁 **朝夕**

❷ 밤 동안 **夜間**

❸ 아침밥 **朝食**

❹ 밤에 빛을 내는 **夜光**

❺ 아침에 모이는 **朝禮**   례

❻ 눈 내리는 밤 **雪夜**   설

예습! 6급 한자   禮(예도 례) 雪(눈 설)   복습! 한자   夕(저녁 석) 間(사이 간) 食(먹을 식) 光(빛 광)

문장을 소리 내어 읽고 한자의 음을 쓰세요.

소리 내어 문장 읽기	한자 음 쓰기
❶ 나는 매일 朝夕으로 부모님께 電話를 드려요.	☐☐ , ☐☐ • 電(번개 전) 話(말씀 화)
❷ 어두운 夜間에는 교통사고에 더욱 주의해야 합니다.	☐☐
❸ 우리 호텔은 맛있는 朝食을 제공합니다.	☐☐
❹ 차가 지나갈 때마다 夜光 표지판이 번득였습니다.	☐☐
❺ 朝禮가 끝나자 아이들은 운동장에서 신나게 뛰어놀았어요.	☐ 례
❻ 雪夜에 비치는 달빛이 고요합니다.	설 ☐

도전! 6급 시험 다음 밑줄 친 단어의 한자를 <보기>에서 고르세요.

<보기> ① 朝夕   ② 朝禮   ③ 雪夜   ④ 夜光   ⑤ 夜間

1. 조석으로 날씨가 쌀쌀해졌습니다. _____

2. 야간에는 낮보다 덜 덥습니다. _____

3. 밤에는 야광 안전표지를 준비해야 합니다. _____

4. 오늘은 비가 와서 강당에서 조례를 했습니다. _____

18 벼랑에서 떨어지는 돌 石, 벼랑을 오르다가 돌이킬 反

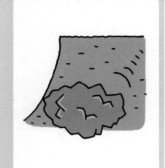

石
돌 석

反
돌이킬 반

돌 석은 벼랑에서(厂) 떨어져 나온
작은 돌을(口) 나타내요.

돌이킬 반은 가파른 벼랑을(厂)
손으로 짚고 오르다가(又)
거꾸로 돌이키는 모습이에요.

 풀이말을 큰 소리로 읽으며 획을 따라 쓰세요.

따라 써 봐!

石	石	石	石
벼랑에서	떨어져 나온 작은	돌 석	돌

ㄱ 厂

反	反	反	反
가파른 벼랑을	손으로 짚고 오르다가	돌이킬 반	돌이킬

 石(돌 석)은 벼랑에서 작은 돌이 떨어지는 모습, 反(돌이킬 반)은 벼랑을 오르다 아래로 돌이키는 모습을 나타내요. 反(돌이킬
반)에는 '돌아올 반'이라는 훈음도 있어요.
반의어 反(돌이킬 반) ↔ 正(바를 정)

물방울 ⬤ 에 가려진 한자를 필순에 맞게 쓰고, 빈칸에 알맞은 훈과 음을 쓰세요.

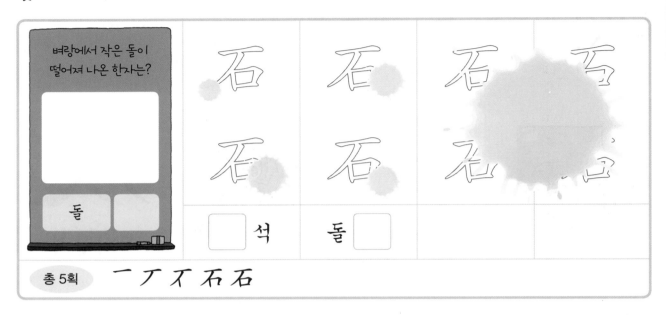

벼랑에서 작은 돌이 떨어져 나온 한자는? 돌	石 石	石 石	石
	□ 석	돌 □	
총 5획	一 丆 プ 石 石		

가파른 벼랑을 손으로 짚고 오르다 돌이키는 한자는? 돌이킬	反 反	反 反	反
	□ 반	돌이킬 □	
총 4획	一 厂 厅 反		

 한자의 음을 쓰세요.

❶ 돌을 다듬는 **石工** [   ]

❷ 맞서 거스르는 **反對** [대]

❸ 나무와 돌처럼 무딘 **木石** [   ]

❹ 전쟁을 반대하는 **反戰** [전]

❺ 자연 그대로의 돌 **自然石** [   ]

❻ 되받아 묻는 **反問** [   ]

예습! 6급 한자 對(대할 대) 戰(싸움 전) **복습! 한자** 工(장인 공) 木(나무 목) 自(스스로 자) 然(그러할 연) 問(물을 문)

문장을 소리 내어 읽고 한자의 음을 쓰세요.

소리 내어 문장 읽기	한자 음 쓰기
❶ 이 석탑에는 이름 없는 **石工**의 정성이 들어 있습니다.	☐☐
^{과학 3} ❷ 관의 한쪽 끝에서 내는 소리가 **反對**쪽까지 잘 들렸어요.	☐ 대
❸ 그때까지도 사내는 **木石**처럼 꼼짝도 하지 않았습니다.	☐☐
❹ **反戰** 운동은 세계 평화에 기여합니다.	☐ 전
❺ 김 사장은 비싼 나무와 **自然石**으로 정원을 호화롭게 꾸몄습니다.	☐☐☐
❻ 나는 그 질문을 나 자신에게 **反問**해 보았어요.	☐☐

도전! 6급 시험 다음 밑줄 친 단어의 한자를 〈보기〉에서 고르세요.

〈보기〉 ① 石工   ② 自然石   ③ 反對   ④ 反戰   ⑤ 反問

1. 그곳에 가려면 지하철을 <u>반대</u> 방향으로 타야 합니다. _____

2. 지훈이는 정색을 하고 <u>반문</u>했습니다. _____

3. <u>자연석</u>을 날라다 작은 동산에 세웠습니다. _____

4. <u>석공</u>은 손이 찢어지도록 정과 망치를 두드렸습니다. _____

1. ③ 2. ⑤ 3. ② 4. ①

 **19** 금붙이 매달아 빛나는 누를 黃, 비처럼 내려 모으는 눈 雪

누를 황

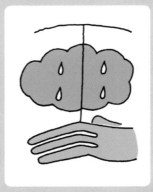 

눈 설

누를 황은 여러 명이(廿) 허리에
금붙이를 매달아(田) 빛나는(一 ヽ) 모양이에요.
번쩍번쩍 빛나는 금붙이는 누런색이에요.

눈 설은 비처럼(雨) 하늘에서 내리면
손으로 쓸어 모으는(크) 눈을 가리켜요.

 풀이말을 큰 소리로 읽으며 획을 따라 쓰세요.

 땨라 써 봐!

黃	黃	黃	黃	黃
여러 사람이	허리에 금붙이를 매달아	번쩍번쩍 빛나는	누를 황	누를 ☐

雪雪雪

雪	雪	雪	雪
비처럼 내리면	손가락으로 쓸어 모으는	눈 설	눈 ☐

 黃(누를 황)에서 廿(스물 입)은 十(열 십)과 十을 더해 20 또는 여럿을 나타내요.
雪(눈 설)에서 雨(비 우)는 하늘에서 내리는 빗줄기와 빗방울을 그렸어요.

물방울 ⬤ 에 가려진 한자를 필순에 맞게 쓰고, 빈칸에 알맞은 훈과 음을 쓰세요.

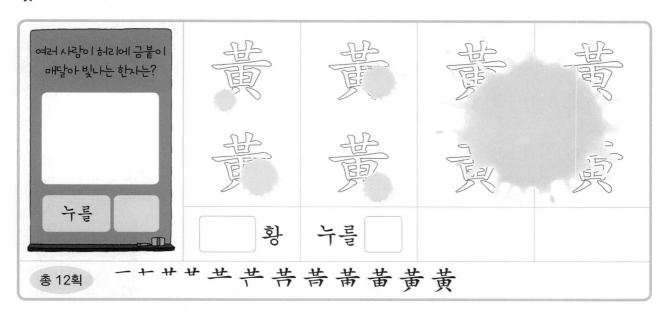

여러 사람이 허리에 금붙이 매달아 빛나는 한자는?

누를

☐ 황   누를 ☐

총 12획   一 十 卄 卄 芦 芦 苛 昔 苗 苗 黄 黄

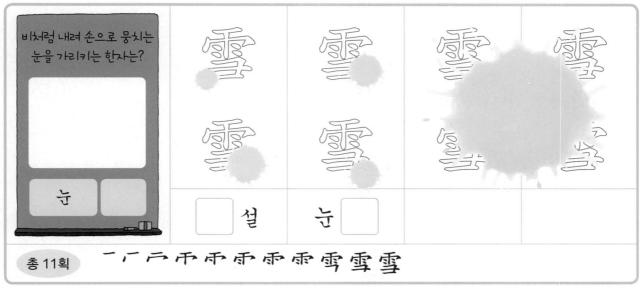

비처럼 내려 손으로 뭉치는 눈을 가리키는 한자는?

눈

☐ 설   눈 ☐

총 11획   一 厂 厂 帀 帀 雨 雫 雫 雪 雪 雪

 한자의 음을 쓰세요.

❶ 누런 빛깔 黃色   황

❷ 눈꽃 雪花

❸ 누렇고 거무스름한 흙 黃土

❹ 큰 눈 大雪

❺ 우리나라 서쪽 바다 黃海

❻ 하얀 눈 白雪

복습! 한자   色(빛 색) 花(꽃 화) 土(흙 토) 大(큰 대) 海(바다 해) 白(흰 백)

소리 내어 문장 읽기	한자 음 쓰기
❶ 서해는 바닷물에 진흙이 섞여 있어서 黃色을 띱니다.	황 ☐
❷ 나뭇가지에 붙어 꽃처럼 보이는 눈을 雪花라고 합니다.	☐ ☐
❸ 黃土로 벽을 바른 집은 아늑한 느낌이 들어요.	☐ ☐
❹ 기상청은 大雪 주의보를 내렸습니다.	☐ ☐
❺ 黃海를 건너면 바로 중국입니다.	☐ ☐
❻ 白雪 공주는 눈처럼 하얀 피부를 가졌습니다.	☐ ☐

 도전! 6급 시험 다음 밑줄 친 단어의 한자를 〈보기〉에서 고르세요.

〈보기〉 ① 黃色   ② 黃海   ③ 雪花   ④ 白雪   ⑤ 黃土

1. 저 산은 나무는 없고 황토만 드러나 있습니다. _____

2. 백설이 내려 겨울 산에 꽃이 피었습니다. _____

3. 석양에 물든 황해를 바라봅니다. _____

4. 설화가 대청봉을 우아하게 수놓고 있습니다. _____

20 소를 반으로 가르는 반 半, 구슬을 칼로 끊어 나눌 班

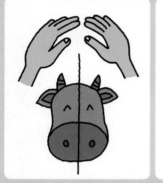

半
반 반

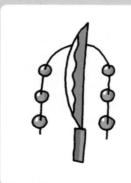 

班
나눌 반

반 반은 양쪽으로 갈라(八)
소를 반으로 나누는(牛) 모습을 그렸어요.

나눌 반은 구슬 목걸이를(王)
칼로 끊어(刂) 구슬을 나누는(王) 모습이에요.

 풀이말을 큰 소리로 읽으며 획을 따라 쓰세요.

따라 써 봐!

半	半	半	半
양쪽으로 갈라	소를 나누는	반 반	반 ☐

班	班	班	班	班
구슬 목걸이를	칼로 끊어	구슬을	나눌 반	나눌 ☐

 半(반 반)은 牛(소 우)를 반으로 가르는 모습을 나타내요.
班(나눌 반)은 구슬 목걸이를 칼로 끊어 구슬을 나누는 모습이에요.

물방울 에 가려진 한자를 필순에 맞게 쓰고, 빈칸에 알맞은 훈과 음을 쓰세요.

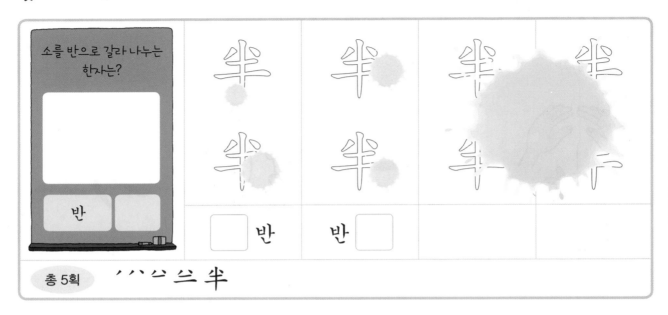

소를 반으로 갈라 나누는 한자는?

반

총 5획 ` ` ` ' ` ' ` 半

| | 반 | 반 | |

구슬 목걸이를 칼로 끊어 구슬을 나누는 한자는?

나눌

총 10획 ` ` ` 王 王 王 刦 玨 班 班

| | 반 | 나눌 | |

 한자의 음을 쓰세요.

1 절반으로 나누는 **半分** 분

2 반을 대표하는 **班長**

3 한 해의 반 **半年**

4 반마다 따로따로 **班別** 별

5 둘로 나눈 앞쪽 반 **前半**

6 한 반을 나누는 **分班**

예습! 6급 한자 分(나눌 분) 別(나눌/다를 별) **복습! 한자** 長(긴/어른 장) 年(해 년) 前(앞 전)

문장을 소리 내어 읽고 한자의 음을 쓰세요.

소리 내어 문장 읽기	한자 음 쓰기
① 우리는 수익금을 **半分**하여 서로 나누어 가졌습니다.	☐ 분
② 상아가 우리 반 **班長**으로 뽑혔어요.	☐ ☐
③ 나는 **半年** 뒤에 어머니의 **便紙**를 받아 보았습니다.	☐ ☐ , ☐ ☐ • 便(편할 편) 紙(종이 지)
④ 이번 가을 소풍은 **班別**로 가기로 했습니다.	☐ 별
⑤ 축구 시합에서 우리 팀이 **前半**에만 세 골을 넣었어요.	☐ ☐
⑥ 학생들이 많아 **分班**해서 공부했습니다.	☐ ☐

도전! 6급 시험　다음 밑줄 친 단어의 한자를 <보기>에서 고르세요.

> <보기>　　①半分　　②前半　　③班長　　④分班　　⑤半年

1. 윤지가 우리 반 반장입니다. _____
2. 분반이 되어 선우와 나는 갈라졌습니다. _____
3. 형은 회사 생활을 반년도 못 채웠습니다. _____
4. 재산을 반분하여 똑같이 나누었습니다. _____

1.③ 2.④ 3.⑤ 4.①

 빈칸에 알맞은 한자와 훈음을 쓰세요.

돌 석

班

돌이킬 반

黃

반 반

눈 설

밝을 명

夜

빛 광

朝

밤 야

半

나눌 반

雪

누를 황

빈칸에 알맞은 한자를 <보기>에서 찾아 쓰세요.

<보기> 光 明 朝 夜 石 反 黃 雪 半 班

❶ 아버지는 □석으로 할머니께 전화를 드립니다.

❷ 상아가 우리 반 □장으로 뽑혔어요.

❸ 소년의 눈에서 마치 □선이 뿜어 나오는 듯했습니다.

❹ 관의 한쪽 끝에서 내는 소리가 □대쪽까지 잘 들렸어요.

❺ □토로 벽을 바른 집은 아늑한 느낌이 듭니다.

❻ 어두운 □간에는 교통사고에 더욱 주의해야 합니다.

❼ 백□ 공주는 눈처럼 하얀 피부를 가졌어요.

❽ 그 사람은 □백하게 잘못하고도 뉘우치지 않습니다.

❾ 축구 시합에서 우리 팀이 전□에만 세 골을 넣었습니다.

❿ 자연 □을 날다라 작은 동산에 세웠어요.

[1~10] 다음 한자어의 음(音: 소리)을 쓰세요.

<보기>   漢字 → 한자

1. **反對**^대 의견도 들을 줄 알아야 해요.
   _____

2. **朝夕**으로 부모님께 전화를 드립니다.
   _____

3. 직사**光線**^선은 피하는 게 좋습니다.
   _____

4. 겨울 산에 **白雪**이 내렸습니다.
   _____

5. 우리 반 **班長**으로 뽑혔습니다.
   _____

6. 재산을 **半分**^분하여 똑같이 나눴어요.
   _____

7. 나무가 없어 **黃土**가 드러났습니다.
   _____

8. 정원을 **自然石**으로 꾸몄습니다.
   _____

9. 어둠 속에 한 가닥 **光明**이 비칩니다.
   _____

10. **夜間**에는 교통사고에 주의합시다.
    _____

[11~14] 다음 한자의 훈(訓: 뜻)과 음(音: 소리)을 쓰세요.

<보기>   字 → 글자 자

11. **朝**   _____

12. **班**   _____

13. **黃**   _____

14. **夜**   _____

[15~18] 다음 밑줄 친 한자어의 한자를 쓰세요.

<보기>   국어 → 國語

15. <u>전기</u>는 생활을 편리하게 해 줘요.
    _____

16. 이 문제는 <u>주민</u> 투표로 결정합시다.
    _____

17. 음악을 들으면 마음이 <u>편안</u>합니다.
    _____

18. 형은 전자 제품 <u>공장</u>에서 일합니다.
    _____

[19~20] 다음 한자의 상대 또는 반대되는 글자를 골라 ☐ 안에 그 번호를 쓰세요.

19. 朝: ①夕 ②界 ③永 ④郡 ☐

20. 夜: ①部 ②陽 ③海 ④晝 ☐

[21~22] 다음 한자와 뜻이 비슷한 한자를 골라 ☐ 안에 그 번호를 쓰세요.

21. 光: ①言 ②明 ③半 ④石 ☐

22. 郡: ①寸 ②由 ③住 ④邑 ☐

[23~24] 다음 ☐ 안에 알맞은 한자를 〈보기〉에서 찾아 그 번호를 쓰세요.

〈보기〉
①光 ②明 ③朝 ④夜
⑤石 ⑥反 ⑦黃 ⑧雪

23. 公☐正大: 하는 일이나 태도가 떳떳하고 바름

24. 花☐月夕: 꽃 피는 아침과 달 밝은밤

[25~26] 다음 중 소리(音)는 같으나 뜻(訓)이 다른 한자를 골라 ☐ 안에 그 번호를 쓰세요.

25. 班: ①界 ②反 ③永 ④計 ☐

26. 朝: ①始 ②祖 ③庭 ④章 ☐

[27~28] 다음 한자어의 뜻을 풀이하세요.

27. 晝夜 _____

28. 淸明 _____

[29~30] 다음 한자의 짙게 표시한 획은 몇 번째 쓰는 획인지 〈보기〉에서 찾아 ☐ 안에 그 번호를 쓰세요.

〈보기〉
④ 네 번째   ⑤ 다섯 번째
⑥ 여섯 번째   ⑦ 일곱 번째
⑧ 여덟 번째   ⑨ 아홉 번째

29. 雪 ☐

30. 班 ☐

🐱 헷갈리는 한자는 다시 써 보세요.

21 물이 양떼처럼 넘실대는 큰 바다 洋, 양이 크게 자라 아름다울 美

큰 바다 양

아름다울 미

큰 바다 양은 물이(氵)
양떼의 움직임처럼 넘실대는(羊)
큰 바다를 나타내요.

아름다울 미는 양이(羊) 크게 자라
살쪄서(大) 아름다운 모습이에요.

 풀이말을 큰 소리로 읽으며 획을 따라 쓰세요.

따라 써 봐!

氵氵氵氵氵洋洋

洋	洋	洋	洋
물이	양떼처럼 넘실대는	큰 바다 양	큰 바다 ☐

丷丷丷丷美

美	美	美	美
양이	크게 자라 살쪄서	아름다울 미	아름다울 ☐

洋(큰 바다 양)은 海(바다 해)보다 더 넓고 큰 바다를 가리켜요.
유의어 洋(큰 바다 양) ― 海(바다 해)

물방울 ○ 에 가려진 한자를 필순에 맞게 쓰고, 빈칸에 알맞은 훈과 음을 쓰세요.

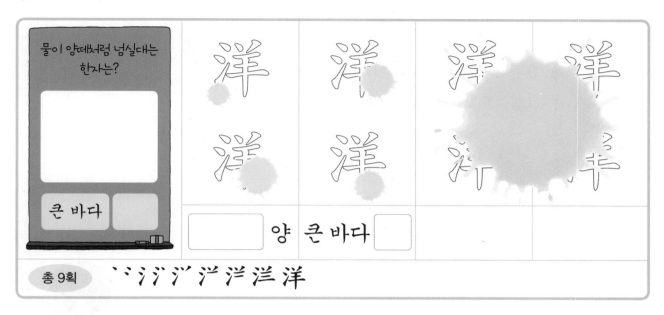

물이 양떼처럼 넘실대는
한자는?

큰 바다

□ 양 큰 바다 □

총 9획 ` ` ⺌ ⺡ ⺡ 氵 洋 洋 洋 洋

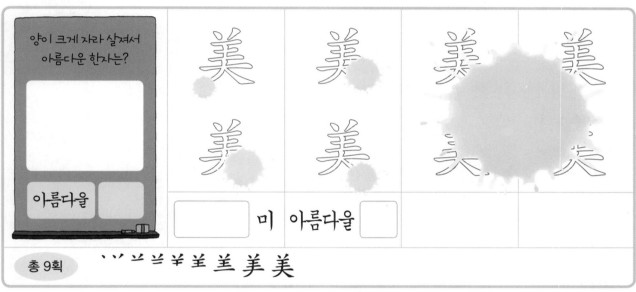

양이 크게 자라 살져서
아름다운 한자는?

아름다울

□ 미 아름다울 □

총 9획 ` ` ⺌ ⺌ ⺌ ⺷ 美 美 美 美

 한자의 음을 쓰세요.

1 넓고 큰 바다 **海洋** □

2 아름다운 사람 **美人** □

3 유럽과 아메리카 **西洋** □

4 잘생긴 남자 **美男** □

5 서양 의술로 만든 **洋藥** □ 약

6 아름답게 표현하는 **美術** □

예습! 6급 한자 藥(약 약)   복습! 한자 海(바다 해) 人(사람 인) 西(서녘 서) 男(사내 남) 術(재주 술)

문장을 소리 내어 읽고 한자의 음을 쓰세요.

소리 내어 문장 읽기	한자 음 쓰기
^{과학 3} ❶ 한국 海洋 과학기술원에서는 해저 탐사 로봇인 '크랩스터'를 만들었습니다.	☐☐
❷ 고모는 콧날이 서고 뺨에 살이 많아 꽤 美人 이에요.	☐☐
❸ 개화기에는 西洋 의 문물이 우리나라에 많이 들어왔습니다.	☐☐
❹ 키가 훤칠한 美男 청년 하나가 멀뚱히 이쪽을 쳐다보았어요.	☐☐
❺ 이 병에는 洋藥 보다 한약이 더 좋습니다.	☐ 약
^{과학 3} ❻ 美術 시간에 사용하는 그림물감은 부피를 mL나 L로 나타냅니다.	☐☐

도전! 6급 시험 다음 밑줄 친 단어의 한자를 〈보기〉에서 고르세요.

〈보기〉　　①海洋　　②洋藥　　③美男　　④美術　　⑤西洋

1. 영희는 미술에 특별한 재능이 있습니다.　　_____
2. 범고래는 해양 동물을 잡아먹습니다.　　_____
3. 노인은 양약으로 치료받고 있습니다.　　_____
4. 나는 서양 미술에 관심이 많습니다.　　_____

1. ④ 2. ① 3. ② 4. ⑤

88

22 새를 나무에 모을 集, 말린 고기 쌓아 많을 多

모을 집

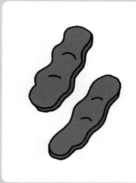

많을 다

모을 집은 새를(隹)
나무에(木) 모으는 모습이에요.

많을 다는 말린 고기(夕) 아래
말린 고기를(夕) 놓아 많이 쌓인 모습이에요.

 풀이말을 큰 소리로 읽으며 획을 따라 쓰세요.

따라 써 봐!

集	集	集	集
새를	나무에	모을 집	모을

多	多	多	多
말린 고기 아래	말린 고기를 쌓아	많을 다	많을

 多(많을 다)에서 夕은 달이(月) 떠오르는 것을 그린 夕(저녁 석)과 모양이 같아요. 여기서는 고기(肉>月)를 말린 모습을 나타내
요. 고기를 말리면 아주 많이 쌓을 수 있어요.

반의어 多(많을 다) ↔ 少(적을 소)

물방울 ○ 에 가려진 한자를 필순에 맞게 쓰고, 빈칸에 알맞은 훈과 음을 쓰세요.

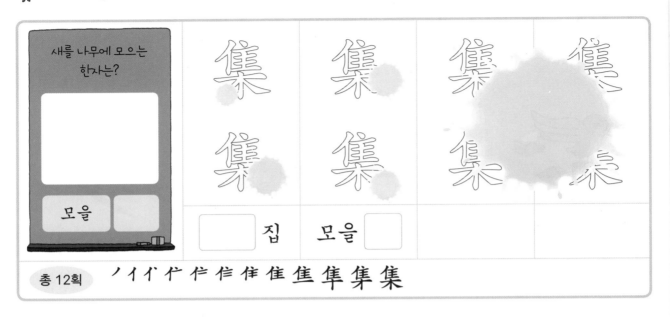

새를 나무에 모으는 한자는?

모을

□ 집   모을 □

총 12획   ノ イ イ´ ナ 卞 作 作 佳 隹 隹 集 集

말린 고기 아래 말린 고기를 놓아 많이 쌓인 한자는?

많을

□ 다   많을 □

총 6획   ノ ク ヲ タ 多 多

 한자의 음을 쓰세요.

① 여럿이 모으는 **集會**   □ 회

② 분량이 많고 적은 **多少**   □

③ 한곳으로 모으는 **集合**   □ 합

④ 아주 많이 발생하는 **多發**   □

⑤ 한가운데로 모으는 **集中**   □

⑥ 아주 많이 급한 **多急**   □

예습! 6급 한자   會(모일 회) 合(합할 합)   **복습! 한자**   少(적을 소) 發(쏠/필 발) 中(가운데 중) 急(급할 급)

90

소리 내어 문장 읽기	한자 음 쓰기
❶ 우리 가족은 광화문에서 열리는 **集會**에 참석했어요.	☐ 회
❷ **多少** 차이는 있으나 거의 비슷합니다.	☐ ☐
❸ 전국에서 수많은 사람들이 이곳으로 **集合**했습니다.	☐ 합
❹ 여기는 사고가 **多發**하는 곳이니 조심해서 운전해야 합니다.	☐ ☐
[사회 3] ❺ 여름철에는 비가 **集中**적으로 내립니다.	☐ ☐
[국어 3] ❻ 당황한 표정과 **多急**한 목소리, 웃는 표정과 따듯한 목소리	☐ ☐

도전! 6급 시험 다음 밑줄 친 단어의 한자를 <보기>에서 고르세요.

<보기> ① 集會   ② 集合   ③ 多發   ④ 多急   ⑤ 多少

1. 호루라기 신호에 따라 모두 집합하였습니다. _____
2. 다소나마 병에 차도가 있어 다행입니다. _____
3. 집회에 각지에서 많은 사람이 모였습니다. _____
4. 아내는 다급한 목소리로 남편을 불렀습니다. _____

23 날개 파닥이며 익힐 習, 활 꾸미는 깃털이 약할 弱

익힐 습

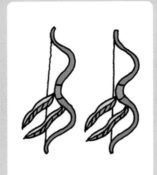
약할 약

익힐 습은 날개를 파닥이며(羽)
하얀 새가 나는 법을(白) 익히는 모습이에요.

약할 약은 활을(弓) 꾸미는 깃털을(羽)
그려 약한 것을 나타내요.

 풀이말을 큰 소리로 읽으며 획을 따라 쓰세요.

따라 써 봐!

習	習	習	習
날개를 파닥이며	하얀 새가 나는 법을	익힐 습	익힐

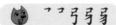 ㄱ ㄱ 굑 굑 弱

弱	弱	弱	弱
활을 꾸미는 깃털과	활을 꾸미는 깃털이	약할 약	약할

 習(익힐 습)에서 羽(깃 우)는 새의 날개와 깃털을 그렸어요. 또 白(흰 백)은 해에서 흰빛이 나오는 모습인데, 여기서는 깃털이 흰 어린 새를 나타내요.

유의어 習(익힐 습) — 學(배울 학)　　반의어 習(익힐 습) ↔ 教(가르칠 교)

물방울 🔵 에 가려진 한자를 필순에 맞게 쓰고, 빈칸에 알맞은 훈과 음을 쓰세요.

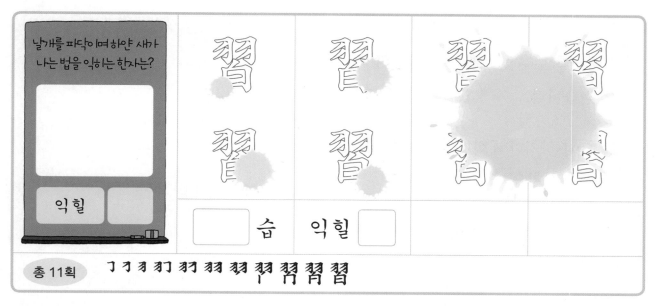

날개를 파닥이며 하얀 새가 나는 법을 익히는 한자는?

익힐 | |

총 11획   ㄱ ㄱ ㄱ ㄱ 尹 羽 羽 羿 習 習 習

| | 습   익힐 | |

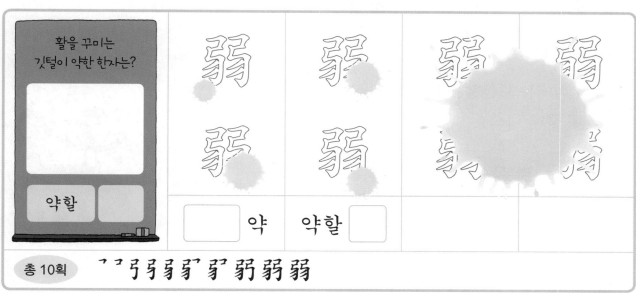

활을 꾸미는 깃털이 약한 한자는?

약할 | |

총 10획   ㄱ ㄱ 弓 弓 弓 弜 弜 弱 弱 弱

| | 약   약할 | |

 한자의 음을 쓰세요.

❶ 배우고 익히는 **學習** | |

❷ 약하고 작은 **弱小** | |

❸ 스스로 익히는 **自習** | |

❹ 허약한 몸 **弱體** | 체 |

❺ 풍속과 습관 **風習** | 풍 |

❻ 강하고 약한 **強弱** | 강 |

예습! 6급 한자   體(몸 체) 風(바람 풍) 強(강할 강)   복습! 한자   學(배울 학) 小(작을 소) 自(스스로 자)

문장을 소리 내어 읽고 한자의 음을 쓰세요.

소리 내어 문장 읽기	한자 음 쓰기
⓵ [국어3] **學習** 도구를 모둠별로 나누어 주거나 걷습니다.	☐ ☐
⓶ **弱小**하지만 저희가 준비한 **飮食**을 좀 드십시오.	☐ ☐ , ☐ ☐ • 飮(마실 음) 食(먹을 식)
⓷ **自習**을 잘하는 아이들은 자립심이 강해요.	☐ ☐
⓸ **弱體**라고 알려졌던 상대팀의 공격은 예상외로 거셌습니다.	☐ 체
⓹ 추석에는 보름달을 보며 소원을 비는 **風習**이 있어요.	풍 ☐
⓺ 노래는 **強弱**을 잘 조절해서 불러야 아름답게 들립니다.	강 ☐

도전! 6급 시험 다음 밑줄 친 단어의 한자를 〈보기〉에서 고르세요.

〈보기〉 ① 學習 ② 自習 ③ 風習 ④ 強弱 ⑤ 弱體

1. 싸움의 승패가 꼭 힘의 강약에 있지는 않습니다. _____
2. 민족 고유의 풍습을 잘 이어 가야겠습니다. _____
3. 아침 자율 학습 시간에 독서를 하였습니다. _____
4. 우리 팀은 약체이지만 최선을 다했습니다. _____

24 끝이 뾰족한 뿔 角, 짐승 발자국이 밭에 찍힌 차례 番

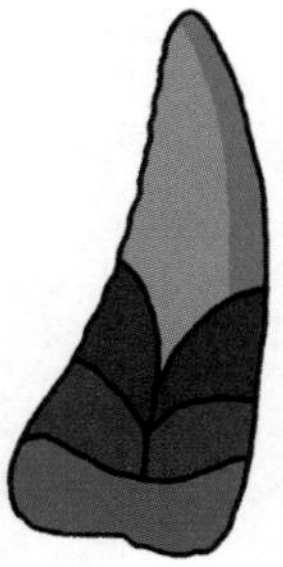

角

뿔 각

뿔 각은 끝이 뾰족하고(⺈) 몸통에(冂) 줄무늬가 있는(土) 뿔을 그렸어요.

番

차례 번

차례 번은 짐승 발자국이(釆) 밭에 차례로 찍힌(田) 것을 가리켜요.

풀이말을 큰 소리로 읽으며 획을 따라 쓰세요.

角角角

따라 써 봐!

角	角	角	角	角
끝이 뾰족하고	몸통에	줄무늬가 있는	뿔 각	뿔 □

一 ㇀ ⺤ 㲋 平 采 釆

番	番	番	番
짐승 발자국이	밭에 차례로 찍힌	차례 번	차례 □

番(차례 번)에서 釆(짐승 발자국 변)은 짐승 발톱과 발가락이 땅에 찍힌 발자국을 나타내요.

물방울 ⬤ 에 가려진 한자를 필순에 맞게 쓰고, 빈칸에 알맞은 훈과 음을 쓰세요.

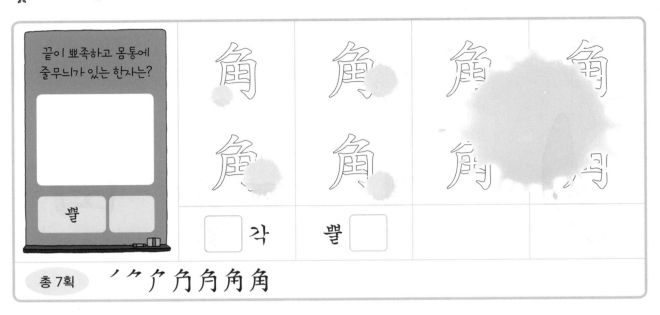

끝이 뾰족하고 몸통에
줄무늬가 있는 한자는?

뿔

□ 각   뿔 □

총 7획   ′ ″ ″ ″ ″ ″ 角 角

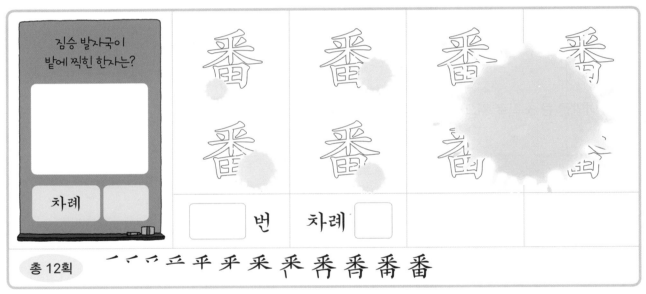

짐승 발자국이
밭에 찍힌 한자는?

차례

□ 번   차례 □

총 12획   ′ ″ ″ ″ ″ ″ 平 采 采 番 番 番 番

 한자의 음을 쓰세요.

❶ 벌어진 정도 **角度**　　　　도

❷ 차례를 뜻하는 숫자 **番號**

❸ 각지게 깎은 나무 **角木**

❹ 땅에 매긴 번호 **番地**

❺ 90도의 각 **直角**

❻ 각각의 차례 **每番**

예습! 6급 한자 　度(법도 도 | 헤아릴 탁) 　　**복습! 한자** 　號(이름 호) 木(나무 목) 地(땅 지) 直(곧을 직) 每(매양 매)

문장을 소리 내어 읽고 한자의 음을 쓰세요.

소리 내어 문장 읽기	한자 음 쓰기
❶ 보는 **角度**에 따라 모습이 달리 보이게 마련이에요.	□ 도
_{사회3} ❷ 주민 등록 **番號**를 범죄에 이용하기도 합니다.	□ □
❸ **角木**을 몇 개 잘라 적당히 조립해서 의자를 만들었습니다.	□ □
❹ 편지를 보내려면 **番地**를 알아야 합니다.	□ □
_{수학3} ❺ 두 **直線**이 만나서 이루는 각이 **直角**일 때, 두 직선은 서로 수직이라고 합니다.	□ □ , □ □ • 直(곧을 직) 線(줄 선)
❻ 할머니는 **每番** 같은 말을 되풀이하십니다.	□ □

도전! 6급 시험 다음 밑줄 친 단어의 한자를 <보기>에서 고르세요.

<보기> ① 角度 ② 直角 ③ 番地 ④ 每番 ⑤ 番號

1. 은행에서 번호표를 받고 순서를 기다립니다. _____

2. 이 문제는 다른 각도에서 접근해야 합니다. _____

3. 수평선과 수직선이 직각을 이룹니다. _____

4. 누나는 시험 때마다 매번 일등을 하였습니다. _____

25 새가 날개 펴서 일으키는 바람 風, 집 벽에 뚫린 창 窓

바람 풍

창 창

바람 풍은 큰 새가 날개를 펴고(几)
바람을 일으키며(ノ) 벌레를 잡는(虫)
모습이에요.

창 창은 집의 벽에(穴)
창문이 뚫려 있어(厶) 마음이 확 트이는(心)
것을 나타내요.

 풀이말을 큰 소리로 읽으며 획을 따라 쓰세요.

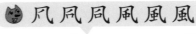 几凡凡風風風

따라 써 봐!

 風 風 風 風 風

| 큰 새가 날개를 펴고 | 바람을 일으키며 | 벌레를 잡는 | 바람 풍 | 바람 ☐ |

 窓 窓 窓 窓 窓

| 집의 벽에 | 창문이 뚫려 있어 | 마음이 확 트이는 | 창 창 | 창 ☐ |

 窓(창 창)은 집의 벽에 구멍(穴 구멍 혈)이 크게 뚫려(厶 사사 사) 마음(心 마음 심)이 확 트인다는 뜻으로, 창문을 나타내요.

98

물방울 ◯ 에 가려진 한자를 필순에 맞게 쓰고, 빈칸에 알맞은 훈과 음을 쓰세요.

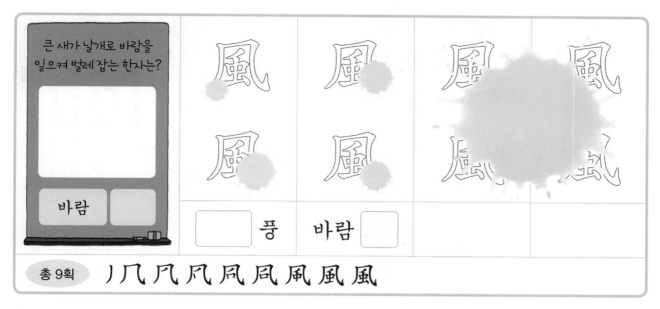

큰 새가 날개로 바람을 일으켜 벌레 잡는 한자는?

바람

風 □ 풍 바람 □

총 9획 丿 几 凡 凡 凤 凨 風 風 風

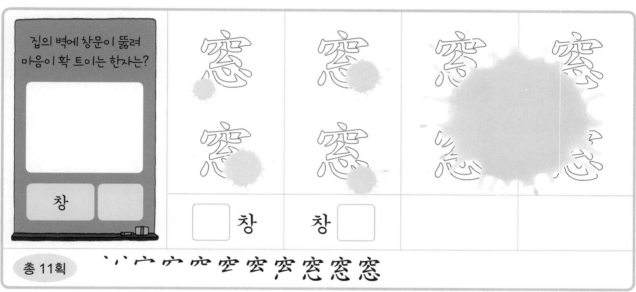

집의 벽에 창문이 뚫려 마음이 확 트이는 한자는?

창

窓 □ 창 창 □

총 11획 丶 宀 宀 空 空 空 空 窓 窓 窓

 한자의 음을 쓰세요.

❶ 바람의 빠르기 風速 　풍　

❷ 벽에 낸 작은 문 窓門 　　　

❸ 바닷바람 海風 　　　

❹ 창을 작게 뚫은 곳 窓口 　　　

❺ 봄바람 春風 　　　

❻ 한 학교에서 공부한 同窓 　　　

복습! 한자 　速(빠를 속) 門(문 문) 海(바다 해) 口(입 구) 春(봄 춘) 同(한가지 동)

문장을 소리 내어 읽고 한자의 음을 쓰세요.

소리 내어 문장 읽기	한자 음 쓰기
❶ 깃발이 흔들리는 것을 보고 風速을 가늠했어요.	풍 ☐
❷ 아침에 일어나니 窓門 사이로 햇살이 비쳤습니다.	☐ ☐
❸ 여기는 바닷가라 海風이 세요.	☐ ☐
❹ 통합 민원 발급 窓口는 저쪽에 있습니다.	☐ ☐
❺ 삼월이 되자 春風이 불어 온갖 꽃이 활짝 피었습니다.	☐ ☐
❻ 함께 학교에 다닌 사람을 同窓이라고 합니다.	☐ ☐

도전! 6급 시험 다음 밑줄 친 단어의 한자를 〈보기〉에서 고르세요.

〈보기〉   ① 春風   ② 海風   ③ 風速   ④ 同窓   ⑤ 窓門

1. 민수와 성주는 초등학교 동창입니다. _____

2. 겨울에는 추워서 창문을 꼭꼭 닫습니다. _____

3. 오늘은 해풍이 거세게 붑니다. _____

4. 순간 최대 풍속이 초당 7m나 되었습니다. _____

21~25과 복습

 빈칸에 알맞은 한자와 훈음을 쓰세요.

	風		弱	
많을 다		모일 집		뿔 각
		 番		窓
익힐 습	아름다울 미		큰 바다 양	
	多		習	
차례 번		바람 풍		약할 약

빈칸에 알맞은 한자를 <보기>에서 찾아 쓰세요.

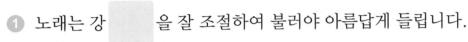

<보기> 洋 美 集 多 習 弱 角 番 風 窓

❶ 노래는 강 ▢ 을 잘 조절하여 불러야 아름답게 들립니다.

❷ 주민 등록 ▢ 호를 범죄에 이용하기도 합니다.

❸ 전국에서 수많은 사람들이 한곳에 ▢ 합했습니다.

❹ 다정이는 ▢ 술에 특별한 재능이 있습니다.

❺ 정사각형은 네 변의 길이가 모두 같고, 네 각이 모두 직 ▢ 이에요.

❻ 함께 학교에 다닌 사람을 동 ▢ 이라고 합니다.

❼ 한국해 ▢ 과학기술원에서는 해저 탐사 로봇을 만들었습니다.

❽ ▢ 소 차이는 있으나 거의 비슷합니다.

❾ 여기는 바닷가라 해 ▢ 이 세게 불어요.

❿ 학 ▢ 도구를 모둠별로 나누어 주거나 걷습니다.

6급 시험 기출 문제

맞힌 개수: ___ /30 개

[1~10] 다음 한자어의 음(音: 소리)을 쓰세요.

<보기>　　漢字 → 한자

1. **集合**^합 시간과 장소를 알립니다.

2. 내가 좋아하는 과목은 **美術**입니다.

3. 연주할 때는 **強**^강**弱**을 조절해야 해요.

4. 좌석 **番號**대로 앉아 주세요.

5. **多少**나마 도움이 되어 다행입니다.

6. 아침에 **窓門** 사이로 햇살이 비쳤어요.

7. **海洋**에는 많은 자원이 있습니다.

8. **學習** 태도가 좋아서 칭찬받았어요.

9. 수평선과 수직선이 **直角**을 이룹니다.

10. 오늘은 **海風**이 거세게 붑니다.

[11~14] 다음 한자의 훈(訓: 뜻)과 음(音: 소리)을 쓰세요.

<보기>　　字 → 글자 자

11. **習** ___

12. **集** ___

13. **窓** ___

14. **番** ___

[15~18] 다음 밑줄 친 한자어의 한자를 쓰세요.

<보기>　　국어 → 國語

15. 관중이 경기장 <u>내외</u>에 가득 찼어요.

___

16. <u>노인</u>을 공경합시다.

___

17. 우리는 <u>동시</u>에 출발했습니다.

___

18. <u>백성</u>을 섬기는 정치가 필요합니다.

___

[19~20] 다음 한자의 상대 또는 반대되는 글자를 골라 ☐ 안에 그 번호를 쓰세요.

19. 多 : ① 球 ② 近 ③ 木 ④ 少 ☐

20. 習 : ① 黃 ② 果 ③ 敎 ④ 圖 ☐

[21~22] 다음 한자와 뜻이 비슷한 한자를 골라 ☐ 안에 그 번호를 쓰세요.

21. 洋 : ① 親 ② 海 ③ 直 ④ 庭 ☐

22. 習 : ① 植 ② 朝 ③ 學 ④ 樹 ☐

[23~24] 다음 ☐ 안에 알맞은 한자를 <보기>에서 찾아 그 번호를 쓰세요.

<보기>
① 洋 ② 美 ③ 集 ④ 多
⑤ 習 ⑥ 弱 ⑦ 角 ⑧ 風

23. 淸 ☐ 明月 : 맑은 바람과 밝은 달

24. 同時 ☐ 發 : 같은 시기에 많은 일이 일어남

[25~26] 다음 중 소리(音)는 같으나 뜻(訓)이 다른 한자를 골라 ☐ 안에 그 번호를 쓰세요.

25. 洋 : ① 陽 ② 章 ③ 光 ④ 班 ☐

26. 美 : ① 油 ② 米 ③ 銀 ④ 行 ☐

[27~28] 다음 한자어의 뜻을 풀이하세요.

27. 風速 _____

28. 集計 _____

[29~30] 다음 한자의 짙게 표시한 획은 몇 번째 쓰는 획인지 <보기>에서 찾아 ☐ 안에 그 번호를 쓰세요.

<보기>
⑦ 일곱 번째   ⑧ 여덟 번째
⑨ 아홉 번째   ⑩ 열 번째
⑪ 열한 번째   ⑫ 열두 번째

29. 集 ☐

30. 弱 ☐

🐱 헷갈리는 한자는 다시 써 보세요.

빈출! 한자어의 음 쓰기

6급 시험에는 음 쓰기 문제가 33문제 나와요!

 빈칸에 알맞은 한자어의 음을 쓰세요.

빈출 순위	한자어	음 쓰기	빈출 순위	한자어	음 쓰기
1	計算	계산	16	事例	사례
2	根本	근본	17	理由	이유
3	太陽	태양	18	庭園	정원
4	強弱	강약	19	通路	통로
5	始作	시작	20	特色	특색
6	衣服	의복	21	風習	풍습
7	便利	편리	22	交通	교통
8	角度	각도	23	番號	번호
9	地球	지구	24	病席	병석
10	各界	각계	25	永遠	영원
11	家庭	가정	26	溫度	온도
12	對等	대등	27	體育	체육
13	頭角	두각	28	形式	형식
14	發表	발표	29	利用	이용
15	感氣	감기	30	每番	매번

 빈칸에 알맞은 한자의 훈과 음을 쓰세요.

빈출 순위	한자	훈과 음 쓰기	빈출 순위	한자	훈과 음 쓰기
1	信	믿을 신	16	頭	머리 두
2	待	기다릴 대	17	等	무리 등
3	野	들 야	18	由	말미암을 유
4	根	뿌리 근	19	登	오를 등
5	聞	들을 문	20	番	차례 번
6	米	쌀 미	21	族	겨레 족
7	美	아름다울 미	22	童	아이 동
8	勇	날랠 용	23	英	꽃부리 영
9	消	사라질 소	24	樹	나무 수
10	歌	노래 가	25	注	부을 주
11	京	서울 경	26	交	사귈 교
12	雪	눈 설	27	意	뜻 의
13	愛	사랑 애	28	南	남녘 남
14	席	자리 석	29	放	놓을 방
15	始	비로소 시	30	活	살 활

모의 한자능력검정시험

6급 2권

- 출제 기준 : ㈜한국어문회 한자능력검정시험
  * 2017년 8월 시험부터 변경된 출제 유형 반영
- 출제 범위: '바빠 급수 한자 - 6급' 1, 2권 한자(7, 8급 배정 한자 포함)

- 시험 시간 : 50분
- 시험 문항 : 90문항

채점한 후 확인해 보세요!

회차	1회	2회
맞힌 문항 수		

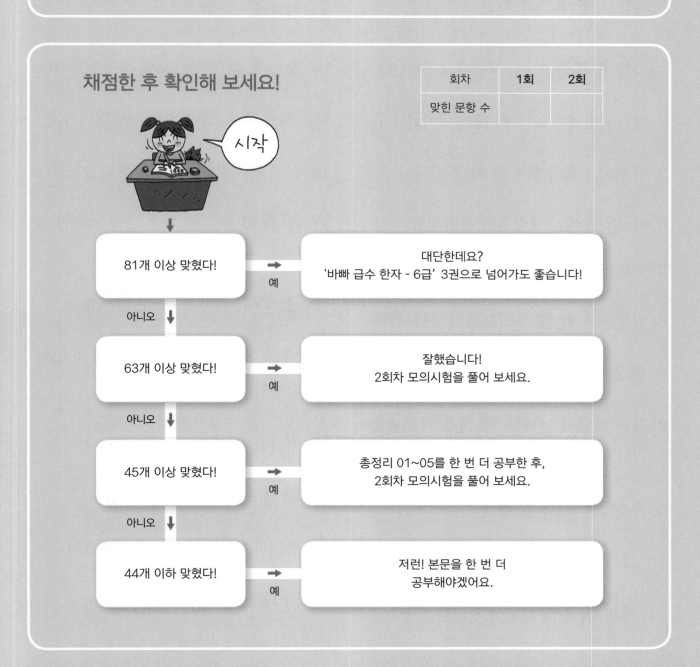

시작

81개 이상 맞혔다! → 예 → 대단한데요?
'바빠 급수 한자 - 6급' 3권으로 넘어가도 좋습니다!

아니오 ↓

63개 이상 맞혔다! → 예 → 잘했습니다!
2회차 모의시험을 풀어 보세요.

아니오 ↓

45개 이상 맞혔다! → 예 → 총정리 01~05를 한 번 더 공부한 후,
2회차 모의시험을 풀어 보세요.

아니오 ↓

44개 이하 맞혔다! → 예 → 저런! 본문을 한 번 더
공부해야겠어요.

※ 1, 2권에서 배운 한자를 기준으로 출제하였습니다.

[1~33] 다음 밑줄 친 한자어의 음(音: 소리)을 쓰세요.

〈보기〉 漢字 → 한자

1. 사회 **各界**의 유명한 분들이 모였습니다.

2. 제가 가장 좋아하는 **科目**은 국어입니다.

3. 이곳이 산청과 하동의 **郡界**입니다.

4. 이 **近方**에서 오랫동안 살았어요.

5. 부드러운 **南風**이 불어왔습니다.

6. 기상청은 **大雪** 주의보를 내렸습니다.

7. **東窓**이 밝아 옵니다.

8. 그는 학업에 남다른 **頭角**을 나타냈습니다.

9. 저축하면 **利子**를 줍니다.

10. 그가 화를 내는 **理由**를 모르겠어요.

11. 형은 **明年**에 대학에 갑니다.

12. **米飮**이라도 먹고 힘을 내야지…….

13. 가을은 **百果**가 무르익기 좋은 계절입니다.

14. 같은 **番地**에 여러 집이 모여 있습니다.

15. 그는 **本來** 말이 없는 사람입니다.

16. 시조 **部門**에서 대상을 받았습니다.

17. **不在者** 투표는 선거 전에 마쳐야 합니다.

18. **上空**에 비행기가 날고 있어요.

19. **雪夜**에 가로등이 비쳐 더욱 아름답습니다.

20. 시간을 **所重**히 여겨야 합니다.

21. **時速** 60km로 달리고 있습니다.

22. 적의 **心理**를 파악하기 어렵습니다.

23. **野球**는 한 팀이 9명입니다.

24. **英才**들은 조기에 교육을 시작합니다.

25. 여기는 지명의 **由來**를 알 수 없습니다.

26. 그 사람의 말은 **全部** 거짓이었어요.

27. 저를 **注目**해 주세요.

28. 정약용은 조선의 실학을 **集大成**했습니다.

29. 가을 하늘이 **淸明**합니다.

30. **親愛**하는 동포들에게 연설을 했습니다.

31. **便利**한 생활을 할 수 있도록 나라나 고장에서 만든 기관을 공공기관이라고 합니다.

32. 상투 들이밀기는 함경도 지방의 **風習**입니다.

33. **現在** 우리는 우주까지 갈 수 있게 되었어요.

[34~55] 다음 한자의 훈(訓: 뜻)과 음(音: 소리)을 쓰세요.

<보기> 字 → 글자 자

34. 野

35. 信

36. 根

37. 頭

38. 米

39. 美

40. 始

41. 愛

42. 由

43. 交

44. 童

45. 番

46. 雪

47. 樹

48. 英

49. 意

109

50. 注

51. 班

52. 書

53. 速

54. 油

55. 飮

[56~75] 다음 밑줄 친 한자어의 한자를 쓰세요.

〈보기〉 국어 → 國語

56. 오색찬란한 무지개가 떴습니다.

57. 우리 학교 교기는 참 멋있습니다.

58. 삼촌이 마을 이장이십니다.

59. 어둡기 전에 서둘러 하산합시다.

60. 사물을 세밀하게 관찰해야 글을 잘 쓸
    수 있습니다.

61. 오늘날에는 여가 활동의 종류가 다양
    해졌습니다.

62. 관중이 경기장 내외를 가득 메웠어요.

63. 그는 자신의 죄를 평생 뉘우치며 살았
    습니다.

64. 목수들이 창틀을 짭니다.

65. 이제 저희 생활도 많이 나아졌습니다.

66. 노후를 편안히 보내기 위해서는 대책
    을 미리 세워야 합니다.

67. 두 사람은 촌수가 멀지만 매우 가깝게
    지냅니다.

68. 미술실 옆에 있는 교실이 음악실이에요.

69. 이 문제는 주민 투표로 결정하기로 했
    습니다.

70. 이 시점에 그가 등장하리라고는 예측
    하지 못했어요.

71. 우리나라는 일본의 식민 정책으로 많
    은 고통을 받았습니다.

72. 정오의 햇볕은 뜨겁습니다.

73. 좋은 음악을 들으면 마음이 편안해지
    고 기분이 좋아집니다.

74. 지하철에서 몸이 불편한 사람에게 자
    리를 양보합니다.

75. 해수는 짜서 그냥 마실 수 없어요.

[76~78] 다음 한자의 상대 또는 반대되는 글자를 골라 그 번호를 쓰세요.

76. 朝: ① 夕　② 部　③ 習　④ 郡

77. 多: ① 球　② 近　③ 木　④ 少

78. 晝: ① 夫　② 反　③ 夜　④ 洋

[79~80] 다음 한자와 뜻이 비슷한 한자를 골라 그 번호를 쓰세요.

79. 光: ① 言　② 美　③ 半　④ 明

80. 急: ① 速　② 手　③ 黃　④ 軍

[81~83] 다음 ☐ 안에 알맞은 한자를 <보기>에서 찾아 그 번호를 쓰세요.

<보기>
① 樹　② 親　③ 速　④ 綠
⑤ 近　⑥ 朝　⑦ 火　⑧ 陽

81. 一 ☐ 一夕: 하루아침과 하루 저녁, 즉 짧은 시일

82. 電光石 ☐ : 몹시 짧은 시간

83. 草 ☐ 同色: 풀빛과 녹색은 같으니 곧 같은 무리

[84~85] 다음 중 소리(音)는 같으나 뜻(訓)이 다른 한자를 골라 그 번호를 쓰세요.

84. 永: ① 英　② 溫　③ 室　④ 空

85. 在: ① 才　② 太　③ 和　④ 童

최신 출제 유형
[86~87] 다음 뜻에 맞는 한자어를 <보기>에서 찾아 그 번호를 쓰세요.

<보기>
① 溫氣　② 雪風　③ 淸明
④ 速記　⑤ 植樹　⑥ 集計

86. 눈과 바람　　　87. 빨리 기록함

[88~90] 다음 한자의 짙게 표시한 획은 몇 번째 쓰는 획인지 <보기>에서 찾아 그 번호를 쓰세요.

<보기>
① 첫 번째　　② 두 번째
③ 세 번째　　④ 네 번째
⑤ 다섯 번째　⑥ 여섯 번째
⑦ 일곱 번째　⑧ 여덟 번째
⑨ 아홉 번째　⑩ 열 번째
⑪ 열한 번째　⑫ 열두 번째
⑬ 열세 번째　⑭ 열네 번째

88. 樹

89. 陽

90. 黃

※ 1, 2권에서 배운 한자를 기준으로 출제하였습니다.

[1~33] 다음 밑줄 친 한자어의 음(音: 소리)을 쓰세요.

<보기>　　漢字 → 한자

1. 선거는 **公明**하게 치러져야 합니다.

2. **光速**보다 더 빠른 비행기는 없습니다.

3. **郡民**의 수가 점점 줄어듭니다.

4. 그는 **近世**에 가장 뛰어난 학자입니다.

5. **多急**한 일부터 먼저 처리하는 것이 효율적입니다.

6. 사람으로서 **道理**에 어긋나는 일을 해서는 안 됩니다.

7. 나이가 많지만 **童心**을 잃지 않았어요.

8. 과거에 급제하는 것을 **登科**라고 합니다.

9. **理科** 반에서 공부하고 있습니다.

10. 이 지역은 전체의 약 반이 **林野**로 이루어져 있습니다.

11. 그것은 부정할 수 없는 **明白**한 사실입니다.

12. 민서는 **美術**에 특별한 재능이 있습니다.

13. **百部**만 한정으로 출판하였습니다.

14. 참가 **番號** 15번 들어오세요.

15. 세계태권도연맹 **本部**는 서울에 있습니다.

16. 많은 **部下**들이 그를 따릅니다.

17. 과학자는 모든 **事物**을 깊이 관찰합니다.

18. 마당에 핀 꽃이 **夕陽**에 더욱 붉게 보입니다.

19. **世界** 의상 행렬이 3시에 시작됩니다.

20. 시간이 많지 않아 이제부터는 회의를 **速行**하겠습니다.

21. **植樹**는 땅의 성질에 맞게 해야 합니다.

22. 어두운 夜間에는 교통사고에 더욱 주의해야 합니다.

23. 弱者는 도와주어야 합니다.

24. 그분은 성품이 溫和하여 많은 사람들과 두루 친하였습니다.

25. 그는 모든 재산을 청소년 교육을 위한 育英 사업에 쏟아부었어요.

26. 그는 매일 朝夕으로 부모님께 전화를 드립니다.

27. 옷자락이 문에 걸리지 않도록 注意하세요.

28. 車窓 밖으로 가을 풍경이 멋있게 펼쳐져 있어요.

29. 우리가 親交를 맺은 지 벌써 2년이 되었어요.

30. 그 집은 우리 어머니 親庭입니다.

31. 넓은 平野에서 논농사를 짓습니다.

32. 초등학교에서 배우는 아이를 學童이라 합니다.

33. 보내주신 정성에 和答하는 마음으로 글을 썼습니다.

[34~55] 다음 한자의 훈(訓: 뜻)과 음(音: 소리)을 쓰세요.

<보기>　字　→　글자 자

34. 在

35. 集

36. 親

37. 黃

38. 果

39. 科

40. 郡

41. 部

42. 夜

43. 洋

44. 溫

45. 窓

46. 角

47. 界

48. 理

49. 石

50. 陽

51. 永

52. 朝

53. 清

54. 風

55. 和

[56~75] 다음 밑줄 친 한자어의 한자를 쓰세요.

<보기> 국어 → 國語

56. 그 배우는 공백을 깨고 무대에 다시 섰습니다.

57. 기수를 앞세우고 대한민국 대표단이 입장하고 있습니다.

58. 날로 먹는 생식이 반드시 건강에 좋은 것은 아닙니다.

59. 요즘 도시에서 농촌으로 돌아오는 사람들이 늘고 있습니다.

60. 교가를 부르면 학교를 사랑하는 마음이 생겨납니다.

61. 아이들의 내면에는 무한한 잠재력이 자라납니다.

62. 산야에 초목이 무성합니다.

63. 이 이야기는 미국의 유명한 과학자이자 정치가인 벤저민 프랭클린에 관한 내용입니다.

64. 휴일에 형과 배드민턴을 쳤어요.

65. 경찰이 신속하게 출동하였습니다.

66. 옛 농부들은 콩을 심을 때 세 알씩 심었다고 합니다.

67. 집주인은 미국에 삽니다.

68. 매년 식목일에는 나무를 심습니다.

69. 왕에게는 다섯 명의 왕자가 있었습니다.

70. 이 책은 조선 왕실의 보물입니다.

71. 남자들이 주로 물건을 드는 일을 했습니다.

72. 새 아파트에 입주했어요.

73. 선물을 이중으로 포장하였습니다.

74. 심청은 효녀입니다.

75. 신랑 입장!

[76~78] 다음 한자의 상대 또는 반대되는 글자를 골라 그 번호를 쓰세요.

76. 教 : ① 習　② 世　③ 綠　④ 科

77. 新 : ① 郡　② 道　③ 古　④ 後

78. 長 : ① 界　② 短　③ 車　④ 共

[79~80] 다음 한자와 뜻이 비슷한 한자를 골라 그 번호를 쓰세요.

79. 郡 : ① 寸　② 由　③ 住　④ 邑

80. 樹 : ① 林　② 綠　③ 班　④ 食

[81~83] 다음 ☐ 안에 알맞은 한자를 <보기>에서 찾아 그 번호를 쓰세요.

<보기>
① 才　② 和　③ 老　④ 米
⑤ 界　⑥ 心　⑦ 光　⑧ 方

81. 男女 ☐ 少 : 모든 사람을 일컫는 말

82. 作 ☐ 三日 : 단단히 먹은 마음이 사흘을 가지 못함

83. 行 ☐ 不明 : 간 곳이나 방향을 모름

[84~85] 다음 중 소리(音)는 같으나 뜻(訓)이 다른 한자를 골라 그 번호를 쓰세요.

84. 班 : ① 夜　② 反　③ 黃　④ 計

85. 利 : ① 李　② 綠　③ 夫　④ 夏

최신 출제 유형
[86~87] 다음 뜻에 맞는 한자어를 <보기>에서 찾아 그 번호를 쓰세요.

<보기>

① 有利　② 風速　③ 晝夜
④ 童心　⑤ 陽地　⑥ 多少

86. 낮과 밤　　　　87. 많고 적음

[88~90] 다음 한자의 짙게 표시한 획은 몇 번째 쓰는 획인지 <보기>에서 찾아 그 번호를 쓰세요.

<보기>
① 첫 번째　　② 두 번째
③ 세 번째　　④ 네 번째
⑤ 다섯 번째　⑥ 여섯 번째
⑦ 일곱 번째　⑧ 여덟 번째
⑨ 아홉 번째　⑩ 열 번째

88. 童

89. 清

90. 新

총정리 01 01~05과 복습

26쪽

❶ 新 ❷ 油 ❸ 親 ❹ 樹 ❺ 本

❻ 果 ❼ 速 ❽ 由 ❾ 近 ❿ 朴

27~28쪽

1. 수목 2. 친족 3. 석유 4. 신록 5. 과연 6. 시속 7. 유래

8. 과수 9. 본부 10. 근대 11. 나무 수 12. 친할 친

13. 빠를 속 14. 가까울 근 15. 洞里 16. 四方 17. 手足

18. 室內 19. ② 兄 20. ③ 古 21. ① 急 22. ③ 根 23. ⑧ 親

24. ① 本 25. ① 根 26. ③ 信 27. 나무를 심음 28. 빨리 적음

29. ⑥ 여섯 번째 30. ⑩ 열 번째

총정리 02 06~10과 복습

45쪽

❶ 利 ❷ 和 ❸ 科 ❹ 才 ❺ 部

❻ 陽 ❼ 米 ❽ 郡 ❾ 在 ❿ 李

46~47쪽

1. 과목 2. 편리 3. 부분 4. 평화 5. 석양 6. 천재 7. 재야

8. 군읍 9. 미음 10. 전부 11. 고을 군 12. 이할 리 13. 떼 부

14. 과목 과 15. 植物 16. 邑內 17. 數學 18. 江山

19. ④ 右 20. ② 天 21. ② 術 22. ④ 有 23. ⑥ 在 24. ④ 部

25. ② 夫 26. ② 晝 27. 볕이 드는 땅 28. 이익이 있음

29. ⑧ 여덟 번째 30. ⑩ 열 번째

총정리 03 11~15과 복습

64쪽

❶ 界 ❷ 童 ❸ 永 ❹ 綠 ❺ 淸

❻ 英 ❼ 注 ❽ 理 ❾ 野 ❿ 溫

65~66쪽

1. 영원 2. 세계 3. 청명 4. 초록 5. 분수 6. 체온 7. 영재

8. 평야 9. 도리 10. 주유 11. 들 야 12. 푸를 록 13. 지경 계

14. 따뜻할 온 15. 登校 16. 算數 17. 孝女 18. 植木

19. ③ 老 20. ② 上 21. ④ 靑 22. ③ 平 23. ⑥ 綠

24. ③ 野 25. ① 晝 26. ④ 李 27. 어린이의 마음

28. 따뜻한 기운 29. ⑩ 열 번째 30. ⑪ 열한 번째

총정리 04 16~20과 복습

83쪽

❶ 朝 ❷ 班 ❸ 光 ❹ 反 ❺ 黃

❻ 夜 ❼ 雪 ❽ 明 ❾ 半 ❿ 石

84~85쪽

1. 반대 2. 조석 3. 광선 4. 백설 5. 반장 6. 반분 7. 황토

8. 자연석 9. 광명 10. 야간 11. 아침 조 12. 나눌 반

13. 누를 황 14. 밤 야 15. 電氣 16. 住民 17. 便安 18. 工場

19. ① 夕 20. ④ 晝 21. ② 明 22. ④ 邑 23. ② 明 24. ③ 朝

25. ② 反 26. ② 祖 27. 낮과 밤 28. 맑고 밝음

29. ⑨ 아홉 번째 30. ⑥ 여섯 번째

총정리 05 21~25과 복습

102쪽

❶ 弱 ❷ 番 ❸ 集 ❹ 美 ❺ 角

❻ 窓 ❼ 洋 ❽ 多 ❾ 風 ❿ 習

103~104쪽

1. 집합 2. 미술 3. 강약 4. 번호 5. 다소 6. 창문 7. 해양

8. 학습 9. 직각 10. 해풍 11. 익힐 습 12. 모을 집 13. 창 창

14. 차례 번 15. 內外 16. 老人 17. 同時 18. 百姓 19. ④ 少

20. ③ 敎 21. ② 海 22. ③ 學 23. ⑧ 風 24. ④ 多 25. ① 陽

26. ② 米 27. 바람의 빠르기 28. 모아 계산함 29. ⑩ 열 번째

30. ⑧ 여덟 번째

모의시험 01회

108~111쪽

1. 각계	2. 과목	3. 군계	4. 근방
5. 남풍	6. 대설	7. 동창	8. 두각
9. 이자	10. 이유	11. 명년	12. 미음
13. 백과	14. 번지	15. 본래	16. 부문
17. 부재자	18. 상공	19. 설야	20. 소중
21. 시속	22. 심리	23. 야구	24. 영재
25. 유래	26. 전부	27. 주목	28. 집대성
29. 청명	30. 친애	31. 편리	32. 풍습
33. 현재	34. 들 야	35. 믿을 신	36. 뿌리 근
37. 머리 두	38. 쌀 미	39. 아름다울 미	40. 비로소 시
41. 사랑 애	42. 말미암을 유	43. 사귈 교	44. 아이 동
45. 차례 번	46. 눈 설	47. 나무 수	48. 꽃부리 영
49. 뜻 의	50. 부을 주	51. 나눌 반	52. 글 서
53. 빠를 속	54. 기름 유	55. 마실 음	56. 五色
57. 校旗	58. 里長	59. 下山	60. 事物
61. 活動	62. 內外	63. 平生	64. 木手
65. 生活	66. 老後	67. 寸數	68. 敎室
69. 住民	70. 登場	71. 植民	72. 正午
73. 便安	74. 不便	75. 海水	76. ① 夕
77. ④ 少	78. ③ 夜	79. ④ 明	80. ① 速
81. ⑥ 朝	82. ⑦ 火	83. ④ 綠	84. ① 英
85. ① 才	86. ② 雪風	87. ④ 速記	
88. ⑬ 열세 번째		89. ⑧ 여덟 번째	
90. ⑤ 다섯 번째			

모의시험 02회

112~115쪽

1. 공명	2. 광속	3. 군민	4. 근세
5. 다급	6. 도리	7. 동심	8. 등과
9. 이과	10. 임야	11. 명백	12. 미술
13. 백부	14. 번호	15. 본부	16. 부하
17. 사물	18. 석양	19. 세계	20. 속행
21. 식수	22. 야간	23. 약자	24. 온화
25. 육영	26. 조석	27. 주의	28. 차창
29. 친교	30. 친정	31. 평야	32. 학동
33. 화답	34. 있을 재	35. 모을 집	36. 친할 친
37. 누를 황	38. 실과 과	39. 과목 과	40. 고을 군
41. 떼 부	42. 밤 야	43. 큰 바다 양	44. 따뜻할 온
45. 창 창	46. 뿔 각	47. 지경 계	48. 다스릴 리
49. 돌 석	50. 볕 양	51. 길 영	52. 아침 조
53. 맑을 청	54. 바람 풍	55. 화할 화	56. 空白
57. 旗手	58. 生食	59. 農村	60. 校歌
61. 內面	62. 草木	63. 有名	64. 休日
65. 出動	66. 農夫	67. 主人	68. 植木
69. 王子	70. 王室	71. 男子	72. 入住
73. 二重	74. 孝女	75. 入場	76. ① 習
77. ③ 古	78. ② 短	79. ④ 邑	80. ① 林
81. ③ 老	82. ⑥ 心	83. ⑧ 方	84. ② 反
85. ① 李	86. ③ 晝夜	87. ⑥ 多少	
88. ⑦ 일곱 번째		89. ⑨ 아홉 번째	
90. ⑩ 열 번째			

헷갈리는 한자는 다시 써 보세요.

수험번호 ☐☐☐-☐☐-☐☐☐☐　　　　성명 ☐☐☐☐☐
생년월일 ☐☐☐☐☐☐ ※ 주민등록번호 앞 6자리 숫자를 기입하십시오.
※ 성명은 한글로 작성
※ 필기구는 검정색 볼펜만 가능

※ 답안지는 컴퓨터로 처리되므로 구기거나 더럽히지 마시고, 정답 칸 안에만 쓰십시오.
　　글씨가 채점란으로 들어오면 오답 처리됩니다.

01회 모의 한자능력검정시험 6급-2권 답안지(1) (시험시간:50분)

번호	정답	1검	2검	번호	정답	1검	2검	번호	정답	1검	2검
1				15				29			
2				16				30			
3				17				31			
4				18				32			
5				19				33			
6				20				34			
7				21				35			
8				22				36			
9				23				37			
10				24				38			
11				25				39			
12				26				40			
13				27				41			
14				28				42			

감독위원	채점위원(1)		채점위원(2)		채점위원(3)	
(서명)	(득점)	(서명)	(득점)	(서명)	(득점)	(서명)

01회 모의 한자능력검정시험 6급-2권 답안지(2)

번호	답안란 정답	채점란 1검	2검	번호	답안란 정답	채점란 1검	2검	번호	답안란	채점란 1검	2검
43				59				75			
44				60				76			
45				61				77			
46				62				78			
47				63				79			
48				64				80			
49				65				81			
50				66				82			
51				67				83			
52				68				84			
53				69				85			
54				70				86			
55				71				87			
56				72				88			
57				73				89			
58				74				90			

절
취
선

02회 모의 한자능력검정시험 6급-2권 답안지(1) (시험시간:50분)

번호	정답	1검	2검	번호	정답	1검	2검	번호	정답	1검	2검
1				15				29			
2				16				30			
3				17				31			
4				18				32			
5				19				33			
6				20				34			
7				21				35			
8				22				36			
9				23				37			
10				24				38			
11				25				39			
12				26				40			
13				27				41			
14				28				42			

감독위원	채점위원(1)		채점위원(2)		채점위원(3)	
(서명)	(득점)	(서명)	(득점)	(서명)	(득점)	(서명)

※ 뒷면으로 이어짐

02회 모의 한자능력검정시험 6급-2권 답안지(2)

답안란		채점란		답안란		채점란		답안란		채점란	
번호	정답	1검	2검	번호	정답	1검	2검	번호		1검	2검
43				59				75			
44				60				76			
45				61				77			
46				62				78			
47				63				79			
48				64				80			
49				65				81			
50				66				82			
51				67				83			
52				68				84			
53				69				85			
54				70				86			
55				71				87			
56				72				88			
57				73				89			
58				74				90			

本

근본 본

朴

성씨 박

果

실과 과

樹

나무 수

由

말미암을 유

油

기름 유

新

새 신

親

친할 친

速

빠를 속

近

가까울 근

李

오얏 리

陽

볕 양

郡

고을 군

部

떼 부

才

재주 재

在

있을 재

利

이할 리

和

화할 화

科

과목 과

米

쌀 미

童

아이 동

理

다스릴 리

野

들 야

界

지경 계

淸

맑을 청

綠
푸를 **록**

英
꽃부리 **영**

永
길 **영**

注
부을 **주**

溫
따뜻할 **온**

光
빛 **광**

明
밝을 **명**

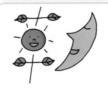
朝
아침 **조**

夜
밤 **야**

石
돌 **석**

反
돌이킬 **반**

黃
누를 **황**

雪
눈 **설**

半
반 **반**

班
나눌 **반**

洋
큰 바다 **양**

美
아름다울 **미**

集
모을 **집**

多
많을 **다**

習
익힐 **습**

弱
약할 **약**

角
뿔 **각**

番
차례 **번**

風
바람 **풍**

窓
창 **창**

읽는 재미를 높인 초등 문해력 향상 프로그램!

바빠
독해
시리즈

읽는 재미를 높인 초등학생을 위한 빠른 독해

선생님들이 선생님! 호사라 박사 지음
(분당 영재사랑 교육연구소)

비문학 지문도 재미있게 읽을 수 있어요!

5단계
초등 5~6학년

★ 읽는 재미
5, 6학년 어린이들이 직접 고른 흥미로운 이야기

★ 초등 교과 연계
교과서와 100% 밀착 연계!
국어, 사회, 과학 지식이 쑥쑥

★ 문해력 향상
종합력, 이해력, 추론 능력, 분석력, 사고력, 문법까지 OK

이지스에듀

분당 영재사랑 교육 연구소, 호사라 박사 지음 | 각 권 9,800원

★ ★ ★ ★

읽는 재미를 높인
초등 문해력 향상
프로그램

실제 아이들이 궁금해서 자꾸 읽고 싶어 한 이야기를 골라 구성!

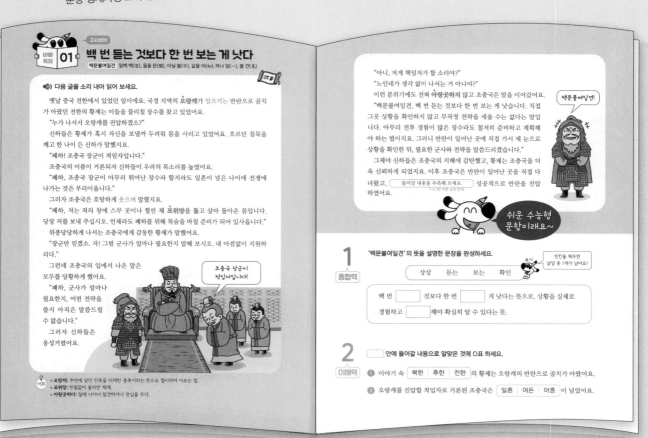

바빠 독해 01

고사성어

백 번 듣는 것보다 한 번 보는 게 낫다

백문불여일견 일백 백(百), 들을 문(聞), 아닐 불(不), 같을 여(如), 하나 일(一), 볼 견(見)

🔊 다음 글을 소리 내어 읽어 보세요.

옛날 중국 전한에서 있었던 일이에요. 국경 지역의 오랑캐가 일으키는 반란으로 골치가 아팠던 전한의 황제는 이들을 물리칠 장수를 찾고 있었어요.
"누가 나서서 오랑캐를 진압하겠소?"
신하들은 황제가 혹시 자신을 보낼까 두려워 몸을 사리고 있었어요. 흐르던 침묵을 깨고 한 나이 든 신하가 말했지요.
"폐하, 조충국 장군이 적임자입니다."
조충국의 이름이 거론되자 신하들이 우려의 목소리를 높였어요.
"폐하, 조충국 장군이 아무리 뛰어난 장수라 할지라도 일흔이 넘은 나이에 전쟁에 나가는 것은 무리이옵니다."
그러자 조충국은 호탕하게 웃으며 말했지요.
"폐하, 저는 적의 창에 스무 곳이나 찔린 채 포위망을 뚫고 살아 돌아온 몸입니다. 당장 저를 보내 주십시오. 언제라도 폐하를 위해 목숨을 바칠 준비가 되어 있사옵니다."
위풍당당하게 나서는 조충국에게 감동한 황제가 말했어요.
"장군만 믿겠소. 자! 그럼 군사가 얼마나 필요한지 말해 보시오. 내 아낌없이 지원하리라."
그런데 조충국의 입에서 나온 말은 모두를 당황하게 했어요.
"폐하, 군사가 얼마나 필요한지, 어떤 전략을 쓸지 아직은 말씀드릴 수 없습니다."
그러자 신하들은 웅성거렸어요.

조충국 장군이 적임자입니다!

어휘
• 오랑캐: 주변에 살던 민족을 미개한 종족이라는 뜻으로 멸시하여 이르는 말.
• 포위망: 빈틈없이 둘러싼 체계.
• 아랑곳하다: 일에 나서서 참견하거나 관심을 두다.

"아니, 저게 책임자가 할 소리야?"
"노인네가 생각 없이 나서는 거 아니야?"
이런 분위기에도 전혀 아랑곳하지 않고 조충국은 말을 이어갔어요.
"백문불여일견, 백 번 듣는 것보다 한 번 보는 게 낫습니다. 직접 그곳 상황을 확인하지 않고 무작정 전략을 세울 수는 없다는 말입니다. 아무리 전투 경험이 많은 장수라도 철저히 준비하고 계획해야 하는 법이지요. 그러니 반란이 일어난 곳에 직접 가서 제 눈으로 상황을 확인한 뒤, 필요한 군사와 전략을 말씀드리겠습니다."
그제야 신하들은 조충국의 지혜에 감탄했고, 황제는 조충국을 더욱 신뢰하게 되었지요. 이후 조충국은 반란이 일어난 곳을 직접 다녀왔고, [들어갈 내용을 추측해 보세요.] 성공적으로 반란을 진압하였어요.

백문불여일견!

쉬운 수능형 문항이래요~

1
종합력

'백문불여일견'의 뜻을 설명한 문장을 완성하세요.

빈칸을 채우면 낱말 총 3개가 남아요!

보기: 상상 듣는 보는 확인

백 번 [   ] 것보다 한 번 [   ] 게 낫다는 뜻으로, 상황을 실제로 경험하고 [   ] 해야 확실히 알 수 있다는 뜻.

2
이해력

[   ] 안에 들어갈 내용으로 알맞은 것에 O표 하세요.

❶ 이야기 속 [북한 / 후한 / 전한]의 황제는 오랑캐의 반란으로 골치가 아팠어요.

❷ 오랑캐를 진압할 적임자로 거론된 조충국은 [일흔 / 여든 / 아흔]이 넘었어요.

호 박사
영재사랑 연구소에서 16년간 지도한 내용 중 누구나 쉽게 성취감을 맛볼 수 있는 활동을 선별했어요!

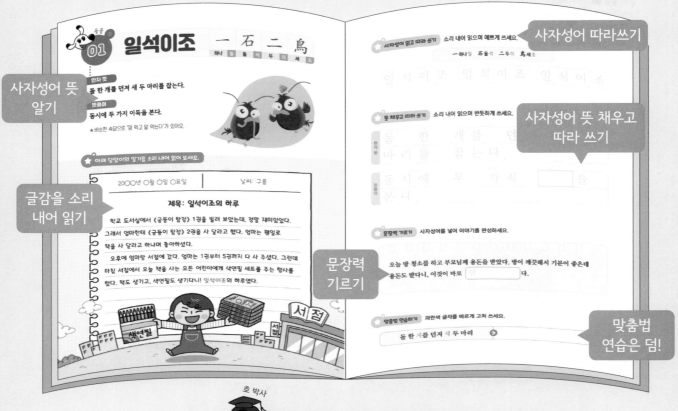

バ빠 초등 영문법 5·6학년용 1~3권 | 각 권 13,000원

E&E 영어 연구소 이정선 지음

★ ★ ★

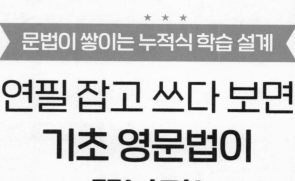

문법이 쌓이는 누적식 학습 설계

연필 잡고 쓰다 보면 기초 영문법이 끝난다!

원어민 음원도 있어요!

이 책의 Bonus!

PDF '시험에는 이렇게 나온다' 문법 TEST PDF 제공

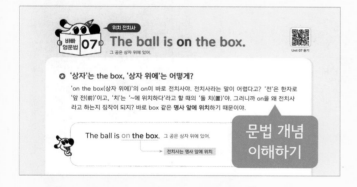

문법 개념 이해하기

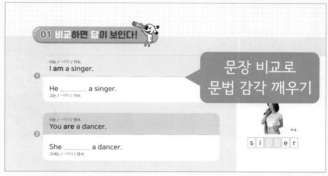

문장 비교로 문법 감각 깨우기

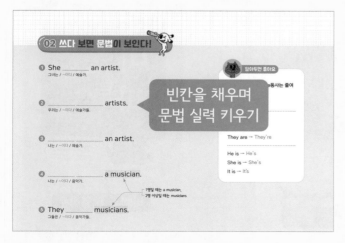

빈칸을 채우며 문법 실력 키우기

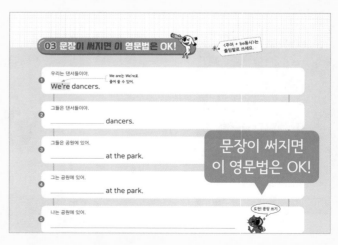

문장이 써지면 이 영문법은 OK!

아들이 하고 싶은 문법 교재라며 고른 첫 번째 책! 문법 공부를 스스로 하고 있어요! – 학부모의 찬사

바빠쌤이 알려 주는 '바빠 영어' 시리즈

바빠 영어 초등 학습 로드맵

바빠 파닉스 ①, ②

바빠 사이트 워드 ①, ②

바빠 영단어 Starter ①, ②

영어동화 100편

바빠 3·4 영단어

바빠 5·6 영단어

바빠 영어 시제 특강
5·6학년용

바빠 3·4 영문법 ①, ②

바빠 초등 영문법 ①, ②, ③
5·6학년용

바빠 5·6 영작문

※ '바빠 공부단 카페(cafe.naver.com/easyispub)'에서 바빠 영어 시리즈의 학습 자료와 지도 팁을 확인하세요!